Steffen Will

Energie, Technologien und Innovation

Wie lassen sich Energiespeicher sinnvoll nutzen?

Bibliografische Information der Deutschen Nationalbibliothek:

Die Deutsche Nationalbibliothek verzeichnet diese Publikation in der Deutschen Nationalbibliografie; detaillierte bibliografische Daten sind im Internet über http://dnb.d-nb.de abrufbar.

Impressum:

Copyright © Science Factory 2020

Ein Imprint der GRIN Publishing GmbH, München

Druck und Bindung: Books on Demand GmbH, Norderstedt, Germany

Covergestaltung: GRIN Publishing GmbH

II

Abstract

Energy storage systems play a significant role in relation to the development of the german Energiewende. The analysis shows that from a management perspective, storage technologies are unprofitable, while from an economic point of view storage is necessary due to savings of CO_2. The market conditions can be improved by internalizing negative external effects from greenhouse gases, which reduces the competitiveness of climate damaging technologies. This internalization is necessary from the perspective of different political orientations and could be done by an expansion of the European Union Emissions Trading System or a national taxation of CO_2. More sector-specific promotions or prohibitions are recommended such as subvention of pumped storage or a speed limitation.

Zusammenfassung

In Bezug auf die Entwicklung der deutschen Energiewende spielen Energiespeicher eine zunehmend bedeutsamere Rolle. Kern der Arbeit ist die Wirtschaftlichkeitsanalyse dieser Energiespeicher, welche durch eine Beschreibung der Sektorenentwicklung und der Technologiestandards unterstützt wird. Die Analyse stellt dar, dass Speicher aus betriebswirtschaftlicher Perspektive unprofitabel, jedoch aus volkswirtschaftlicher Perspektive notwendig sind beispielsweise aufgrund von CO_2-Einsparungen. Die Marktbedingungen von Speichern verbessern sich in allen Sektoren durch eine Internalisierung von negativen externen Effekten durch Treibhausgase. Unabhängig von der politischen Orientierung eignet sich dafür eine Ausweitung des Emissionshandels oder eine nationale CO_2-Steuer. Weitere sektorenspezifische Förderungen oder Verbote, wie Pumpspeicherförderungen oder Geschwindigkeitsbegrenzungen, sind zu empfehlen.

Inhaltsverzeichnis

Abkürzungsverzeichnis

BAFA	-Bundesamt für Wirtschaft und Ausfuhrkontrolle
BKA	-Bundeskartellamt
BMU	-Bundesministerium für Umwelt, Naturschutz und nukleare
BMWi	-Bundesministerium für Wirtschaft und Energie
EE	-Erneuerbare Energien
EEG	-Erneuerbare-Energien-Gesetz
EnergieStG	-Energiesteuergesetz
EnWG	-Energiewirtschaftsgesetz
ETG	-Energietechnischen Gesellschaft
ETS	-Emissions Trading System
EU	-Europäische Union
FNB Gas	-Vereinigung der Fernleitungsnetzbetreiber Gas e.V.
FVEE	-ForschungsVerbund Erneuerbare Energien
GJ	-Gigajoule
GW	-Gigawatt
IFEU	-Institut für Energie- und Umweltforschung Heidelberg
NPE	-Nationale Plattform Elektromobilität
OECD	-Organisation for Economic Cooperation and Development
PSW	-Pumpspeicherwerke
PtG	-Power-to-Gas
PtH	-Power-to-Heat
SRU	-Sachverständigenamt für Umweltfragen
StromStG	-Stromsteuergesetz
TWh	-Terawattstunden
UBA	-Umweltbundesamt
VDE	-Verband der Elektrotechnik Elektronik Informationstechnik
VDI	-Verein Deutscher Ingenieure

Abbildungsverzeichnis

Tabellenverzeichnis

1 Einleitung

Der anthropogene Klimawandel gilt in der Wissenschaft als bewiesen. Treibhausgase aus fossilen Energieträgern wie Methan und Kohlenstoffdioxid sind Ursache für die globale Erwärmung. Im Vergleich zu 1990 sollen bis 2050 in Deutschland die Treibhausgase um 80–95 Prozent reduziert werden. Die sogenannte Energiewende soll mithilfe von gesteigerter Energieeffizienz, Reduktion des Energiebedarfs und dem Ausbau Erneuerbarer Energien das Klima schützen. Das Zieldreieck der Energiewende teilt sich in die gleichgewichteten Bestandteile Bezahlbarkeit, Versorgungssicherheit und Umweltverträglichkeit auf (vgl. BMWi, 2019 a). Da die Energieversorgung durch Wind und Sonne schwankt, ist die Versorgungssicherheit in Zukunft beeinträchtigt. Die Entwicklung von Energiespeichertechnologien kann einen Beitrag zur Versorgungssicherheit leisten, indem diese die Produktion und den Bedarf von Wärme und Strom zeitlich trennen können. Auch im Verkehrssektor kann die Speicherung von regenerativer Energie eine Unabhängigkeit von fossilen Energieträgern ermöglichen.

Aus diesem Grund setzt sich die vorliegende Arbeit mit Energiespeichertechnologien auseinander und skizziert ein Bild aus Notwendigkeit und Technologiebestand. Im Mittelpunkt des Bildes steht die Frage, ob und welche wirtschaftspolitischen Instrumente ein Gleichgewicht zwischen volkswirtschaftlichem Nutzen und Kosten herstellen können.

In dem ersten Teil der Arbeit wird die Entwicklung der Energiesektoren in Bezug auf Energiespeichertechnologien beleuchtet. Der zweite Teil wird entscheidende Technologien erläutern und analysieren. Der folgende dritte Abschnitt stellt den Hauptteil dar und wird die Kernfrage der Arbeit beantworten. Zu Beginn dieser Wirtschaftsanalyse werden sektorenübergreifende Maßnahmen zur Verbesserung der Wettbewerbsfähigkeit nachhaltiger Technologien, wie Speicher, beleuchtet. Weiterhin wird die Wirtschaftlichkeit von sektorenspezifischen Speichern aus volks- und betriebswirtschaftlichen Standpunkten qualitativ und quantitativ erörtert, um mögliche direkte Markteingriffe zu beurteilen. Abgeschlossen wird das dritte Kapitel mit einer Diskussion.

2 Sektorenentwicklung und Bedeutung von Energiespeichern

Ein primäres Ziel dieses Kapitels ist aufzuzeigen, welche besondere Bedeutung Energiespeicher im Kontext des deutschen Energiesystems bei fortschreitender Energiewende übernehmen. Da sich die prognostizierten Entwicklungen und Energiespeicherbedarfe in den Sektoren Strom, Wärme und Verkehr weitgehend unterscheiden, wird im Folgenden zwischen diesen Bereichen differenziert. Dennoch werden mögliche Wechselwirkungen und Symbiose-Effekte berücksichtigt.

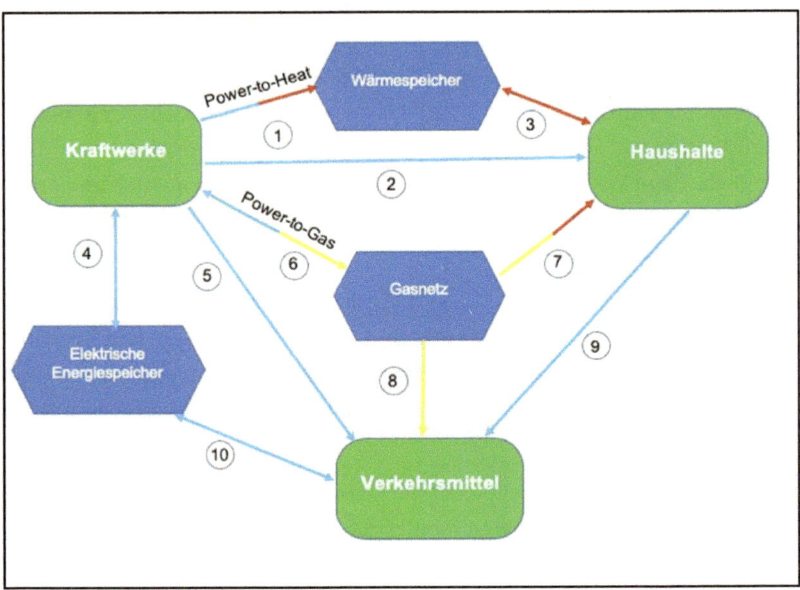

Abbildung 1: Übersicht der Sektorenkopplungen
(Quelle: angelehnt an Rohrig et al., 2015)

Zur visuellen Darstellung der *Sektorenkopplungen* lässt sich Abbildung 1 heranziehen. Diese stellt die Energieflüsse der drei Sektoren in der Dynamik der grünen Rechtecke dar. Erkennbar ist, dass die Energiespeicher, hier die blauen Sechsecke, wie Brückentechnologien zwischen den Sektoren wirken. Die unterschiedlichen Farben der Pfeile deuten auf die Form der bewegten Energie hin. Die Farbe Blau entspricht dabei elektrischer Energie, Rot Wärmeenergie und Gelb chemischer Energie, beispielsweise in Form von Gasen. Parallelen zwischen dem nachfolgenden Text und dieser Grafik sind mit Fußnoten markiert.

2.1 Der Stromsektor

Der Stromsektor beschreibt den elektrischen Energiemarkt und somit die Vorgänge von Kraftwerk bis Letztverbraucher. Die Dekarbonisierung dieses Sektors ist auch Grundlage für nachhaltige Energiedienstleistungen im Wärme- und Verkehrssektor. Die Energiewende hat das Ziel die volkswirtschaftlich teureren und konventionellen Kraftwerke durch eine regenerative Stromproduktion zu ersetzen, jedoch kann es durch den steigenden Anteil an Erneuerbaren Energien (EE) zu Versorgungsunsicherheiten kommen. Grund hierfür ist der Rückgang grundlastfähiger Kraftwerke bei gleichzeitigem Anstieg der fluktuierenden regenerativen Energie. Dabei ist weiterhin ein sekündlicher Ausgleich zwischen nachgefragter und angebotener Leistung notwendig, um die Stromnetzfrequenz von 50 Hertz aufrecht zu erhalten. Schon bei geringen Schwankungen von wenigen Millihertz sinkt die Qualität der übertragenen Leistung. Bei noch höheren Abweichungen kann die sichere Versorgung nicht mehr gewährleistet werden (Gobmaier, 2019). Dieser Zusammenhang aus schwankender regenerativer Leistung und Versorgungssicherheit ist die Ursache für die gesellschaftliche Diskussion über konkurrierende Flexibilitätsoptionen, wie Energiespeicher, Netzausbau oder Demand Side Management (vgl. VDI, 2017).[1]

Die Bedeutung von Speichern in Abhängigkeit von dem EE-Anteil geht aus Bedarfsanalytischen Studien hervor. Diese sind jedoch kritisch zu betrachten, da sie lange Zeiträume und konkurrierende Flexibilitätsoptionen berücksichtigen müssen. Repräsentativ werden im Folgenden die Ergebnisse *Der Energietechnischen Gesellschaft* (ETG) aus dem Jahr 2012 beschrieben, diese hat unterschiedlicher Studien[2] zusammengetragen und ein Fazit veröffentlicht. Dabei bezieht sich die ETG auf Studien, die die Stromüberschüsse bei einem 40%, 80% und 100%-EE-Anteil-Szenario bestimmt haben. Demnach sind bei einem 40%-EE-Anteil noch keine Energiespeicherreserven notwendig. Grund dafür sind die noch zu seltenen, negativen Residuallasten. Weiterhin ist bemerkenswert, dass ein Einsatz in diesem Szenario von Energiespeichern sogar zu einer Erhöhung von CO_2-Ausstößen führt, denn Speicher ermöglichen umweltschädlichen Kraftwerken eine höhere Flexibilität. Bei einem EE-Anteil von 80% ist ein Bedarf an Energiespeichern erstmals signifikant

---

[1] Siehe Abbildung 1, Pfeilnummer 4.

[2] Siehe zum Beispiel *Sachverständigenamts für Umweltfragen 2011 und ForschungsVerbund Erneuerbare Energien 2010.*

und beläuft sich auf bis zu 70 Terawattstunden[3] (TWh). Der Übergang von 80% auf 100% wird als kritische Phase ausgemacht. Dieser ist, laut der ETG, nicht nur die teuerste Phase, sondern erfordert, dass sich die Kapazität von elektrischen Energiespeichern bis zu einer vollständigen regenerativen Energieversorgung im Vergleich zum 80%-Szenario verdreifacht. Zu diesem Zeitpunkt werden sich die Stromgestehungskosten, das sind die Kosten die bei der Umwandlung in elektrische Energie anfallen, aus einem Viertel Energiespeicherkosten zusammensetzen (vgl. ETG, 2012).

2.2 Der Wärmesektor

Parallel zum Stromsektor beschreibt der Wärmesektor die Umwandlung und Verteilung von Wärmeenergie. Am Anfang dieser Umwandlung stehen verschiedene Energieformen. Circa 86% der genutzten Wärmeenergie stammt aus klimaschädlichen, fossilen Energieträgern. Folglich hat der Wärmesektor ein hohes CO_2-Einsparungs-Potential (vgl. BMWi, 2017).

Um dieses Potential ausschöpfen zu können, lassen sich zwei Wege skizzieren. Einerseits lässt sich das Potential durch die Sanierung von Gebäuden ausschöpfen, um den Bedarf an Raumwärme zu senken. Laut der Prognose *Entwicklung der Energiemärkte* 2014 ist eine Reduktion des Endenergiebedarfs im deutschen Wärmesektor von etwa 1400 TWh auf 800 TWh bis zum Jahr 2050 möglich (vgl. Schlesinger et al. 2014). Andererseits kann das Potential durch die Elektrifizierung des Wärmesektors, d.h. der Umwandlung von regenerativem Strom in Wärme, genutzt werden. Diese ist unabdingbar, um fossile, chemische Energieträger vollständig durch regenerative elektrische Energie zu ersetzen. Im Zuge dieser Elektrifizierung kann eine Vielzahl unterschiedlicher Technologien zum Einsatz kommen (vgl. Sterner/Stadler, 2017). Beispielsweise kann die Technologie Power-to-Gas (PtG) Strom als Primärenergie für Wärmeanwendungen integrieren. PtG ermöglicht, mithilfe einer mit regenerativem Strom betriebenen Elektrolyse, synthetisches Gas zu bilden.[4] Dieses Gas kann dann bei Bedarf verbrannt werden und somit Wärmeenergie zur Verfügung stellen. PtG stellt demzufolge eine eigene Speichertechnologie dar und ermöglicht den regenerativen Betrieb von thermischen Kraftwerken.

---

[3] 1 TWh = 10^9 kWh = $3{,}6*10^{12}$ kJ.

[4] Siehe Abbildung 1, Pfeilnummer 6 und 7.

Eine weitere Möglichkeit der Elektrifizierung sind Power-to-Heat-Technologien, die elektrische Energie in Wärmeenergie umwandeln. Hierzu zählen beispielsweise Wärmepumpen, welche dem Erdreich oder der Luft Wärme entziehen (vgl. Sterner/Stadler, 2017).[5]

Diese steigende Elektrifizierung führt zu einer Einbindung Erneuerbarer Energien in den Wärmesektor. Folglich ist ein Ausgleich der Fluktuationen durch regenerative Energien auch im Wärmesektor notwendig und erfordert einen höheren Bedarf an thermischen Speichern. Dafür eignen sich einerseits latente und sensible Wärmespeicher, die auch als saisonale Wärmespeicher die überflüssige Wärme aus den Sommermonaten bis in den Winter speichern können (vgl. Schmuck, 2017). Andererseits ermöglicht PtG synthetisches Methan und Wasserstoff ins Gasnetz zu speisen und somit die bestehende Gasinfrastruktur als Wärmespeicher zu verwenden (vgl. Zapf, 2017).

2.3 Der Verkehrssektor

Der Verkehrssektor ist der zuletzt betrachtete Sektor. Er beschreibt sowohl den Güterverkehr als auch den Personenverkehr. Da nur Energiespeicher eine Unabhängigkeit zum Versorgungsnetz ermöglichen, stellt sich bezüglich dieses Sektors nicht die Frage, ob Speicher benötigt werden, sondern welche Speicher für eine Dekarbonisierung am besten geeignet sind.

Aufgrund der konkurrierenden, fossilen Energieträger sind die Anforderungen an Speicher im Verkehrssektor hoch. Wenige ausgewählte Technologien sind wettbewerbsfähig und ermöglichen in absehbarer Zeit niedrige Kosten, eine hohe Energiedichte und eine hohe Leistung. Zu diesen Technologien zählt einerseits die chemische Batterie, insbesondere der Lithium-Ionen-Akkumulator, der mit seiner hohen Energiedichte und langen Lebensdauer als elektrischer Energiespeicher überzeugt.[6] Andererseits ermöglicht die bereits erwähnte Power-to-Gas-Technologie einen Wechsel von fossilen zu regenerativen, stromerzeugten Antriebsstoffen (vgl. VDI, 2017).[7]

---

[5] Siehe Abbildung 1, Pfeilnummer 1.

[6] Siehe Abbildung 1, Pfeilnummer 10.

[7] Siehe Abbildung 1, Pfeilnummer 8.

Die Bedeutung der beiden Speichertechnologien wird in der Prognose *Treibhausgasneutrales Deutschland im Jahr 2050 des Umweltbundesamts* herausgearbeitet. Die Arbeit bestimmt die Zusammensetzung des Energiebedarfs des Verkehrssektors in einem treibhausgasneutralen Zustand. Demnach werden 80% der Verkehrsmittel mit stromerzeugten Kraftstoffen und 20% direkt mit Strom betrieben. Die Gründe dafür liegen in der Energiedichte der Speicher. Beispielsweise können Personentransporte aufgrund ihrer verhältnismäßig niedrigen benötigten Leistung mit Strom betrieben werden. Im Gegensatz dazu müssen schwere Verkehrsmittel wie Schiffe und Flugzeuge zwangsweise auf energiedichtere stromerzeugte Kraftstoffe zurückgreifen (vgl. Umweltbundesamt, 2014).

Das Ergebnis, dass synthetische Kraftstoffe und Batterien in Zukunft vorherrschen werden, wird von den Arbeiten von *Trost* 2017 und *Runge* 2019 unterstützt. Trost ermittelt in einem Verbrauchernachfragemodell die Fahrzeugflottenentwicklung von Personenkraftfahrzeugen bis 3,5 Tonnen. Das Ergebnis prognostiziert eine hohe Marktdurchdringung der Batterietechnologien in der langen Frist (Trost, 2017). Zusätzlich betont *Runge* 2019 in einem mehrstufigen Strommarktmodell, dass synthetische Technologien in Kombination mit organischen Kraftstoffen schon kurzfristig wirtschaftlich konkurrenzfähig sind (vgl. Runge et al., 2019).

3 Energiespeichertechnologien

Im folgenden Kapitel werden ausgewählte Energiespeichertechnologien näher analysiert. Aufgrund von unterschiedlichen Anforderungen in den Sektoren wird je Sektor eine aussichtsreiche Technologie erläutert. Eine Ausnahme ist jedoch die Technologie Power-to-Gas, die wegen ihres Chancenreichtums und den sektorenkoppelnden Effekten zusätzlich betrachtet wird. Für ein vollständiges Bild werden die Funktionsweise, Vor- und Nachteile, Forschungsarbeiten sowie alternative Technologien beleuchtet.

3.1 Allgemein

Energiespeicher dienen der Verwaltung von Energiemengen. Der Speicher hat die Aufgabe, das Nutzen der Energie zeitlich zu verschieben. Dieser Vorgang wird beschrieben durch drei Prozesse. Hierzu zählt das Laden, Halten und Entladen von Energie. Die gespeicherte Energie kann in unterschiedlichen Formen vorliegen. Je nach Energieform unterscheiden sich damit die Funktionsprinzipien. In den folgenden Abschnitten werden mechanische, thermische, elektrochemische und chemische Energiespeicher beschrieben.

Zur Beschreibung der Technologien sind unterschiedliche Kenngrößen notwendig, welche sich in technische und ökonomische Größen aufteilen lassen. Die technischen Kennzahlen lassen sich weiter in Leistungs-, Energie- und Wirkungsgradspezifische Größen unterteilen. Die wichtigsten drei technischen Kennwerte werden im Folgenden kurz erläutert.

Die *Energiedichte* eines Speichers beschreibt, wie viel Energie auf ein Volumen von einem Kubikmeter oder einer Masse von einem Kilogramm gespeichert werden kann. Die *Ein- und Ausspeiseleistung* ist ein Indiz dafür, welche Energiemenge pro Sekunde in oder aus dem Speicher fließen kann. Der *Wirkungsgrad* stellt dar, welches Verhältnis zwischen der ein- und ausgespeisten Energie vorliegt. Somit lässt sich die Effizienz eines Speichers und seine Verluste beurteilen. Aus ökonomischer Sichtweise sind insbesondere die *Investitionskosten* ausschlaggebend. Diese werden entweder auf die Leistung des Speichers oder die Energiemenge bezogen (vgl. Sterner/Stadler, 2017).

3.2 Pumpspeicher

Pumpspeicherkraftwerke (PSW) sind im Stromsektor eine der wenigen etablierten Speichertechnologien. Sie werden im Stromsektor genutzt, um bei Nacht den günstigen Strom zu kaufen und am Tag, bei höheren Preisen, wieder ins Stromnetz zu speisen.

Laut dem Bundesministerium für Energie und Wirtschaft verfügt Deutschland über eine Speicherleistung von über 9 GW[8] in Form von PSW. Davon werden 2,9 GW aus Österreich und Luxemburg bezogen (BMWi, 2014). Die Pumpspeicherleistung macht dabei insgesamt 97 Prozent der gesamten Speicherleistung Deutschlands im Stromsektor aus (vgl. Nagel, 2017).

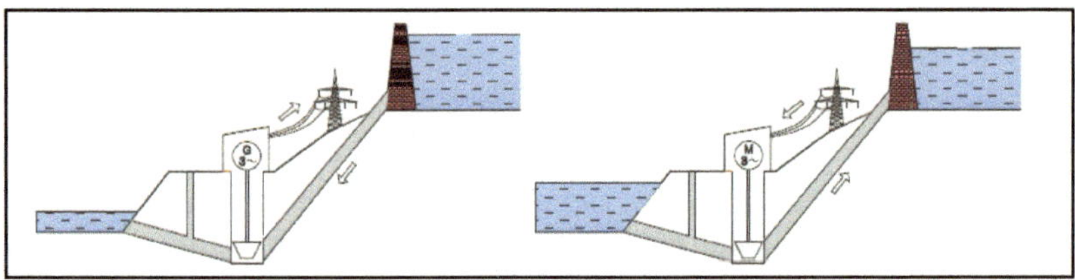

Abbildung 2: Ladevorgänge eines Pumpspeicherkraftwerkes
(Quelle: Verein Deutscher Ingenieure, 2017, S. 25)

Das Funktionsprinzip der Pumpspeicherkraftwerke ist mechanischer Natur und wird in Abbildung 2 veranschaulicht. Sie bestehen insgesamt aus drei wesentlichen Bestandteilen. Das Oberbecken ist verbunden mit dem Unterbecken und zwischen ihnen befindet sich eine elektrische Maschine. Im Ladebetrieb, in der rechten Darstellung, wirkt diese Maschine als Motor und entzieht dem Stromnetz Energie, wenn diese günstig ist. Der Motor betreibt eine Pumpe, die das Wasser aus dem Unterbecken in das Oberbecken befördert. Dadurch wird elektrische Energie in potentielle Energie umgewandelt. Aufgrund eines höheren Bedarfes liegen tagsüber höhere Strommarktpreise vor und der Speicher wird entladen, was bedeutet, dass die Schleuse geöffnet wird und das Wasser durch eine Turbine zurückläuft. Diese Turbine ist mit der elektrischen Maschine verbunden, welche nun als Generator wirkt. Die Menge der gespeicherten Energie des PSW hängt insbesondere von der Größe der Becken sowie des Höhenunterschiedes ab (vgl. Nagel, 2017).

---

8   Watt ist eine Leistungseinheit, 1 Watt entspricht 1 Joule pro Sekunde, 1 GW = 10^9 Watt.

Pumpspeicherkraftwerke weisen unterschiedliche Vor- und Nachteile auf. Im Folgenden werden die wichtigsten kurz benannt.

Eine Stärke dieser Speicherform ist die kurze Anfahrtszeit. Diese liegt bei Pumpspeichern im Sekundenbereich. Im Gegensatz dazu benötigen beispielsweise Gaskraftwerke mehrere Minuten und Kern- sowie Kohlekraftwerke Stunden. Bei schwankender Residuallast können PSW die notwendige Leistung schnell zur Verfügung stellen. Dadurch können kurzfristig hohe Preise am Spotmarkt ausgenutzt werden (vgl. Benger et al., 2013). Eine weitere Stärke dieser Speichertechnologie ist die große Kapazität. Beispielsweise besitzt das PSW Goldisthal in Thüringen eine Kapazität von über 8 Gigawattstunden (GWh)[9] (vgl. Schmid et al., 2012). Im Vergleich dazu stellt die Steag GmbH, als Stromerzeuger, einen der größten Batteriespeicherparks in Deutschland und liefert insgesamt eine Kapazität von 0,14 GWh (vgl. Stenzel, 2017).

Eine große Schwäche der Speicher ist die Wirtschaftlichkeit. Pumpspeicherwerke profitieren durch die Differenz des Strompreises aufgrund von Lastschwankungen. Diese sind jedoch schwer kalkulierbar und führen somit zu einem hohen Risiko bei hohen Investitionskosten, die ebenfalls sehr unterschiedlich ausfallen können. Während in Spanien beispielsweise ein neues PSW 440 Euro pro kW Leistung kostet, beginnt die Spanne in Deutschland bei 4000 bis 5000 Euro pro kW Leistung (vgl. Sterner/Stadler, 2017). Des Weiteren trifft die Technologie auf gesellschaftliche Kritik, aufgrund des sich dadurch verändernden Naturbildes. Das kann dazu führen, dass wirtschaftliche Erschließungen von Speichern verhindert oder verzögert werden (vgl. Sterner/Stadler, 2017).

Aktuelle Forschungsarbeiten befassen sich mit der geographischen Bereitstellung von Pumpspeicheranlagen. Beispielsweise können PSW in stillgelegten Bergwerken erschlossen werden (vgl. Beck/Schmidt, 2011). Dies kann das zuvor erwähnte Problem der gesellschaftlichen Akzeptanz mildern, jedoch gleichzeitig den wirtschaftlichen Betrieb der PSW erschweren.

Zukünftige Alternativen für PSW können Druckluftspeicher und Batterieparks bilden. Im Vergleich zu den etablierten PSW haben diese jedoch weiteres Entwicklungspotential und sind kostenintensiver (vgl. Sterner/Stadler, 2017).

---

[9]   1 GWh = 1.000.000 kWh = 3.600.000.000 kJ.

3.3 Sensible Wärmespeicher

Mit einem zunehmenden Anteil an Erneuerbaren Energien wird eine effektive Sektorenkopplung immer bedeutender. Eine Schlüsseltechnologie für die Verbindung zwischen dem Strom- und Wärmesektor ist der Wärmespeicher. Dieser Speicher wird bisher genutzt, um überschüssige Abwärme aus thermischen Kraftwerken zu sichern. Doch mit der für die Energiewende notwendigen Elektrifizierung wird eine komplexere Wärmeinfrastruktur benötigt, um zukünftig auch Solarthermie, Stromüberschüsse oder Geothermie zu speichern (vgl. Thorsen, 2018).

Die derzeit bedeutendste Technologie ist die der sensiblen Wärmespeicher. Diese unterscheiden sich von anderen Technologien dadurch, dass der Wärmeinhalt wahrnehmbar ist, denn gespeicherte Wärme ist nicht immer als Temperaturunterschied spürbar. Der häufigste Wärmeträger ist Wasser. Die gespeicherte Wärmeenergie ist abhängig von der *Masse des Trägers*, der *Temperaturdifferenz* zur Umgebung und der *spezifischen Wärmekapazität* des Wärmeträgers. Die spezifische Wärmekapazität ist für jeden Stoff unterschiedlich und beschreibt die Energie, die notwendig ist, um ein Kilogramm des Stoffes um ein Grad Kelvin zu erwärmen. Beispielsweise liegt diese für Wasser bei 4,19 und für Beton bei 0,88 kJ/kgK. Trotz der niedrigen Dichte von Wasser ist es aufgrund der hohen Kapazität besonders geeignet, um eine hohe Wärmedichte zu erzielen (vgl. Fisch, 2005). In der Praxis wird der Wassertank möglichst groß dimensioniert und mit Glasfasern oder Blähgranulat gedämmt. Sowohl die Dämmung als auch die Dimensionierung wird genutzt, um Wärmeverluste zu verringern und die Energie teilweise über mehrere Monate zu speichern (vgl. Schabbach/Leibbrandt, 2014). Der Grund dafür ist, dass die Wärmeverluste eines Speichers abhängig vom *Wärmeübergangskoeffizienten* und der *Fläche* sowie der *Temperaturdifferenz* zur Umgebung sind. Dämmstoffe besitzen einen besonders geringen Wärmeübergangskoeffizienten und reduzieren dadurch die Abgabe der Wärmeenergie. Des Weiteren führt eine Vergrößerung des Speichers zu einer Verringerung des Verhältnisses aus Fläche zum Volumen und damit zu einer sinkenden prozentualen Wärmeabgabe. Dieser Zusammenhang wird von *Fisch* in dem Buch *Wärmespeicher* durch ein einfaches Beispiel verbildlicht: Wenn die Speicher von 100 Haushalten zu einem zusammengefasst, dann sind durch die Reduktion des Flächenverhältnisses die Verluste nur auf das zehnfache eines Haushaltsspeichers gewachsen. Nicht zuletzt lassen sich die Verluste der Speicher durch eine geringere Differenz der Speichertemperatur zur Umgebung reduzieren (vgl. Kübler/Fisch, 2005).

Die sensiblen Wärmespeicher mit Wasser als geeigneten Wärmeträger bringen einige Vorteile mit sich. Die Konkurrenzfähigkeit von Wasser ist in der hohen Wärmekapazität, der Umweltfreundlichkeit und der großen verfügbaren Menge begründet (vgl. Verein Deutscher Ingenieure, 2017). Im Vergleich zu den Pumpspeicherwerken mit etwa sechs Euro pro Kilowattstunde (kWh) Investitionskosten (Sterner/Stadler, 2017) liegen die sensiblen Wärmespeicher bei nur 0,5 bis 3 Euro pro kWh Kapazität. Auch die vielfältigen Verknüpfungsmöglichkeiten mit anderen Energiebereichen lassen sich als Chance dieser Speichertechnik aufzählen (vgl. Sterner/Stadler, 2017).

Nichtsdestoweniger hat ein sensibler Wärmespeicher Nachteile, die nicht von der Hand zu weisen sind. Beispielsweise konkurriert dieser derzeit mit fossilen chemischen Wärmespeichern wie Öl. Diese können günstig verbrannt werden und setzen eine große Menge an Wärmeenergie frei. Weiterhin ist die in fossilen Energieträgern gespeicherte Energie während der Speicherung frei von Verlusten, folglich kann Öl ohne Verluste mehrere Jahre gelagert werden. Im Gegensatz dazu lässt sich bei Wasserspeichern, unabhängig von der Güte, die Abgabe von Wärme an die Umgebung nicht völlig vermeiden. Darüber hinaus weist Wasser schlechte Voraussetzungen bei einem Phasenwechsel[10] für die Speicherung von Wärme auf. Liegt Wasser dampfförmig vor, ist der Druckgradient[11] bei steigender Temperatur höher. Dies führt zu zusätzlichen Druckanforderungen an den Behälter und damit zu höheren Kosten (vgl. Verein Deutscher Ingenieure, 2017).

Aus diesem Grund beschäftigt sich die Forschung mit möglichen Materialien, um Wärme bei Temperaturen über 100° Celsius zu speichern. Diese Stoffe weisen bis jetzt jedoch individuelle Schwächen auf und bringen auch stets geringere Energiedichten sowie höhere Kosten mit sich (vgl. Wietschel et al., 2010). Neben den sensiblen Wärmespeichern werden auch weitere Technologien genutzt, welche jedoch weniger entwickelt sind. Zu diesen Technologien zählen die latenten und die chemischen Wärmespeicher. Die latenten Wärmespeicher speichern die Energie in dem Aggregatzustand des Wärmeträgers. Diese Stoffe setzen beim Phasenübergang in einen festeren Aggregatzustand die Wärmeenergie frei. Weiterhin kann durch eine höhere Temperatur des Wärmeträgers eine höhere Energiedichte erzielt werden. Die chemischen Wärmespeicher speichern die Wärme in Form von

---

[10] Der Änderung des Aggregatzustandes.

[11] Gradienten beschreiben mathematisch den Anstieg einer Größe.

reversibler Reaktionsenergie, folglich kann beim Auslösen einer chemischen Reaktion Wärme freigesetzt und durch erneutes Zuführen von Energie der ursprüngliche Zustand wiederhergestellt werden. Diese chemischen Wärmespeicher weisen somit dieselbe Stärke wie fossile Energieträger auf, denn der Speicher kann ohne Verluste Wärme über große Zeiträume speichern. Dennoch sind beide alternative Speichertechnologien aus wirtschaftlichen Gesichtspunkten nicht mit dem sensiblen Wärmespeicher konkurrenzfähig (vgl. Sterner/Stadler, 2017).

3.4 Lithium-Ionen-Akkumulator

Seit Jahren stagniert die Quote Erneuerbarer Energien im Verkehrssektor bei fünf Prozent. Nur ein Prozent des Gesamtverbrauches wird mit elektrischer Energie gedeckt (vgl. Umweltbundesamt, 2019). Parallel zum Wärmesektor ist eine Elektrifizierung des Energiebedarfs notwendig, um den Verkehr mit regenerativer Energie zu betreiben. Insbesondere sind strombetriebene Kraftwagen zukunftsfähig. Dies liegt in der hohen Effizienz des Motors und der geringeren Wartungsnotwendigkeit begründet, jedoch treten Schwierigkeiten in der Energiespeicherung auf.

Lithium-Ionen-Akkumulatoren sind aufgrund ihrer Energiedichte zukunftsfähig. Abbildung 3 zeigt den Aufbau eines Lithium-Akkus und soll zum Verständnis der Funktionsweise beitragen. Die dargestellte Zelle weist vier wichtige Bestandteile auf: Eine Anode, bestehend aus einer Kohlenstoffform wie Grafit, einer Kathode aus einem Metalloxid, einem flüssigen Elektrolyten und einem Separator. Der Separator funktioniert als Trennglied der Elektroden und besteht beispielsweise aus Glasfaser oder Polyethylen, ohne welche die Zelle kurzschließt. Des Weiteren ist die Membran für kleine Teilchen, wie Ionen, durchlässig. Beim Laden der Batterie wird ein positiver Pol an die Metalloxidelektrode angelegt und ein negativer an die Grafitelektrode. Durch das positive Potential werden negative Elektronen angezogen.

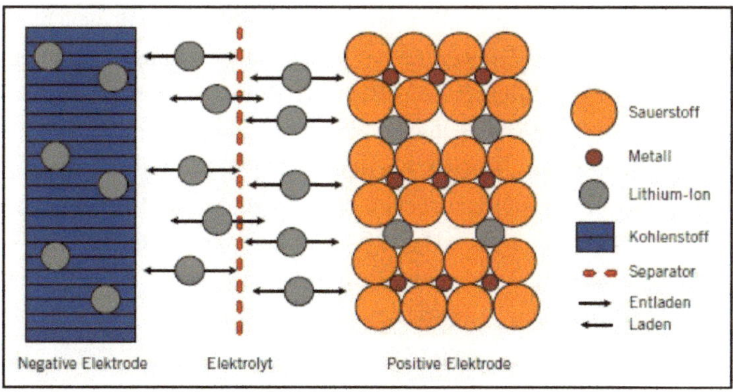

Abbildung 3: Aufbau einer Lithium-Ionen-Zelle
(Quelle: Ecker/Sauer, 2013, S. 67)

Dies geschieht durch die Abgabe von Elektronen des Metalloxids (Oxidation). Die Folge ist, dass sich positive Lithium-Ionen aus der Kathode lösen und im organischen Elektrolyten durch den Separator an die Anode wandern. Auf der Seite der Anode werden durch den negativen Pol Elektronen verfügbar. Diese Elektronen binden sich mit den nun verfügbaren Lithium-Ionen und lagern sich als Lithium-Atom im Grafit (Reduktion). In diesem Zustand ist die Zelle auf beiden Seiten neutral geladen. Bleiben die Elektroden unverbunden, speichert die Zelle elektrische Energie. Wird ein Verbraucher zwischen die Anode und Kathode geschaltet, dann verursachen die unterschiedlichen Potentiale einen Elektronenstrom und die elektrische Energie wird an den Verbraucher abgegeben, sodass sich der Prozess umkehrt (vgl. Ecker/Sauer, 2013).

Wie bereits erwähnt, ist die hohe Energiedichte im Vergleich zu anderen Batterien eine entscheidende Stärke. Diese Energiedichte liegt bei über 100 Wh/kg (vgl. Thielmann et al., 2012). Überdies ist auch der Wirkungsgrad von etwa 90 Prozent wettbewerbsfähig (vgl. Sterner/Stadler, 2017). Besonders gut ist außerdem die erwartete Entwicklung der Kostenreduktion. Laut des *Frauenhofer-Instituts* 2012 werden die Investitionskosten von 1000 Euro pro kWh im Jahr 2010 auf 200 Euro pro kWh bis 2020 fallen.

Die Nachteile des Akkumulators lassen sich in eine technische und eine gesellschaftliche Sichtweise gliedern. Trotz der relativ guten Energiedichte sind Lithium-Akkumulatoren weit von der Energiedichte von fossilen Kraftstoffen entfernt. Im Bild der Elektromobilität werden die Effizienzgewinne durch das Nutzen eines Elektromotors von einem großen Volumen und einer hohen Masse des Speichers ausgeglichen. Ein weiterer Nachteil ist der des *Thermal Runaway*, welcher ein Begriff für das unkontrollierte Freisetzten der gespeicherten Energie ist. Dieser Prozess kann durch das Überladen oder das Überhitzen ausgelöst werden. Aus diesem Grund müssen kostenintensive Sicherheitsbedingungen, wie zum Beispiel einer Kühlung, berücksichtigt werden (vgl. Korthauer, 2013). Die Ressourcenrestriktionen führen zu weiteren gesellschaftlichen Nachteilen, denn Lithium ist überwiegend in Südamerika verfügbar[12] und kann bei entsprechender Ressourcenverknappung zu Konflikten führen. Außerdem führen die kritischen Arbeitsbedingungen einiger Länder zu Problemen der gesellschaftlichen Akzeptanz (vgl. Tahil, 2007).

Die Ziele der deutschen Forschung für Lithiumbatterien werden vom Frauenhofer-Institut benannt und beziehen sich insbesondere auf die Verbesserung der Leistungsdichte, der Sicherheit sowie der Langlebigkeit. Durch die Vielzahl kombinierbarer Metalle liegt ein hohes Forschungspotential vor (vgl. Thielmann et al., 2012).

Zuletzt soll auf eine Alternativtechnologie des Lithium-Akkumulators hingewiesen werden, der sogenannten Brennstoffzelle. Die Brennstoffzelle wird mit Wasserstoff aus einer Elektrolyse[13] betrieben und eignet sich aufgrund ihrer hohen Energiedichte für den Gütertransport. Weiterhin ist ein positiver Gesichtspunkt der Brennstoffzelle, dass sie ein schnelles Tanken ermöglicht. Trotzdem weist auch diese Technologie maßgebliche Nachteile auf, denn durch die Lagerung des gasförmigen Kraftstoffes, dem Wasserstoff, sind zusätzliche Kosten durch Drucktanks einzukalkulieren. Der größte Nachteil ist hierbei die mangelnde Effizienz bei der Elektrolyse zur Gewinnung des reinen Wasserstoffs. Diese ist energieintensiv und weist hohe Verluste auf. Auch die anschließende Verbrennung des Wasserstoffes führt zu einem hohen Anteil nicht nutzbarer Wärmeenergie (vgl. Jöhrens et al., 2017).

3.5 Power-to-Gas

Jede Speichertechnologie weist verschiedene Stärken und Schwächen auf, die auf den dazugehörigen Energiesektor angepasst sind. Beispielsweise haben Lithium-Ionen-Batterien eine hohe Energiedichte, Pumpspeicher eine hohe absolute Energiemenge und sensible Wärmespeicher günstige Investitionskosten. Diese Technologien sind in ihren eingesetzten Sektoren Vorreiter, aber funktionieren selten sektorenübergreifend. Power-to-Gas wirkt jedoch als Bindeglied der drei Sektoren.

---

[12] Siehe Abbildung 9 im Anhang.
[13] Siehe Abschnitt 3.5.

Der Begriff *Power-to-Gas* bezeichnet die chemische Umwandlung eines Stoffes in einen Zustand höheren chemischen Potentials durch das Zuführen von elektrischer Energie. Besonders relevant ist die Herstellung von Wasserstoff und Methan. Für die Herstellung von Methan ist jedoch Wasserstoff notwendig. Demnach ist die Methanisierung nur hinreichend, kann aber, aufgrund stofflicher Vorteile, sinnhaft sein. Im Folgenden werden beide Prozesse beschrieben.

Das durch regenerativen Strom gewonnene Gas wirkt genauso wie Gas aus fossilen Quellen. Dadurch definieren sich verschiedenste Einsatzgebiete. In thermischen Kraftwerken lässt sich durch die Verbrennung des Gases Strom erzeugen und Wärme in Wärmenetze leiten. Darüber hinaus können besonders energieintensive Transportmittel wie Flugzeuge und Schiffe auf diese Form der Energiespeicher zurückgreifen (vgl. Deutsche Energie-Agentur GmbH, 2016).

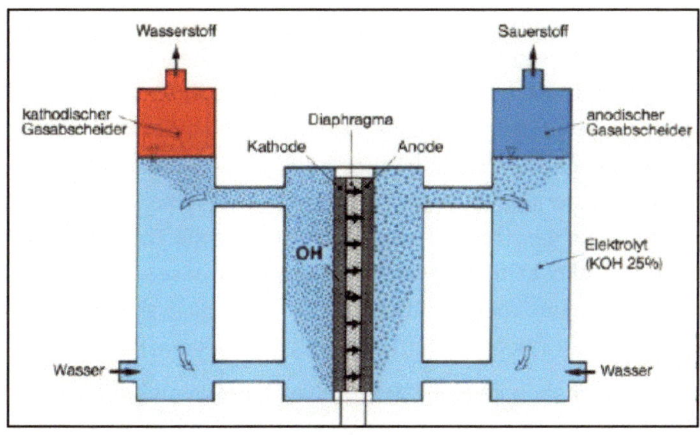

Abbildung 4: Skizze einer Elektrolysezelle
(Quelle: Viebahn et al. 2018, S. 22)

Wasserstoff wird durch eine Elektrolyse gewonnen, in welcher der umgekehrte Prozess einer Brennstoffzelle abläuft. Diese Zelle besteht aus einer Kathode, welche mit einem negativen Potential und einer Anode am positiven Potential verbunden ist. Zwischen diesen Elektroden befindet sich ein trennendes Diaphragma. Gefüllt ist die Zelle mit Wasser und einem Elektrolyten. Überschüssige Elektronen werden an der Kathode von Wassermolekülen aufgenommen. Dieses trennt sich in ein Wasserstoffmolekül und einem Hydroxidion (siehe Gleichung 1). Die Hydroxidionen wandern durch das Diaphragma zur Anode und reagieren dort zusammen mit Wassermolekülen. Dabei werden Elektronen frei, die sich zum angeschlossenen positiven Pol bewegen (siehe Gleichung 2). Zusammenfassen lässt sich die

Reaktion mit der Gleichung drei. Bei dem beschriebenen Verfahren handelt es sich um eine alkalische Elektrolyse. Weitere Elektrolysen, wie die Hochtemperatur- oder Polymer-Elektrolyt-Membran-Elektrolyse, sind noch in der Entwicklung oder haben sich bereits als nicht konkurrenzfähig erwiesen (vgl. Viebahn, 2018).

Gleichung 1: $H_2O + 2\ e\text{-} \rightarrow H_2 + 2\ OH\text{-}$

Gleichung 2: $4\ OH\text{-} \rightarrow 2\ H_2O + O_2 + 4\ e\text{-}$

Gleichung 3: $2\ H_2O_{(l)} \rightarrow 2\ H_{2(g)} + O_{2(g)}$

Gleichung 4: $CO + 3\ H_2 \rightarrow CH_4 + 2\ H_2O$

Gleichung 5: $CO_2 + 4\ H_2 \rightarrow CH_4 + 2\ H_2O$

Bei der optionalen Methanisierung handelt es sich um eine exotherme Reaktion. Das bedeutet, dass nach der Zugabe einer Aktivierungsenergie Wärme frei wird. Für eine möglichst effiziente Reaktion wird untersucht, wie die Aktivierungsenergie mithilfe eines Katalysators reduziert und die abgegebene Wärme gespeichert werden kann. Durch die exothermen Eigenschaften läuft die Reaktion eigenständig ab und kann durch zusammenführen der Edukte in einem Reaktor praktisch umgesetzt werden. Sowohl Kohlenstoffmonoxid als auch Kohlenstoffdioxid eignen sich für eine Methanisierung mit Wasserstoffmolekülen (siehe Gleichung 5 und 6). Für die benötigten Kohlenstoffverbindungen ist eine hohe Gasdichte notwendig und somit eine zusätzliche Quelle erforderlich. Beispielsweise können Kohlenstoffdioxidreste aus der chemischen Reaktion einer Biogasanlage genutzt werden (vgl. Zapf, 2017).

Wie bereits hervorgehoben ist einer der größten Vorteile dieser Technologie die flexible Einsatzfähigkeit. In jedem Energiesektor lassen sich die chemischen Speicher anwenden. Darüber hinaus ist es möglich die beiden Gase in das bestehende Gasnetz zu integrieren. Damit können weitere Investitionen verhindert werden und das Netz kann als flexibler Speicher dienen. Ein letzter Vorteil dieser chemischen Speicherform ist die hohe Energiedichte, denn Wasserstoffmoleküle speichern auf einen Kubikmeter circa 350 kWh Energie, während Methan mit 1100 kWh/m³ über die dreifache Menge verfügt. Diese Eigenschaft kommt insbesondere dem Verkehrssektor zugute (vgl. Zapf, 2017).

Zu den Schwächen der Technologie zählt die begrenzte Einspeisefähigkeit von Wasserstoff in das bestehende Gasnetz. Insgesamt ist es möglich etwa ein Prozent des Gasnetz-Volumenanteils einzuspeisen. Die Folge ist, dass eine Methanisierung notwendig wird, um weitere Speicherkapazitäten zu nutzen. Dies führt zu weiteren

Kosten und Energieverlusten (vgl. Sterner/Stadler, 2017). Laut des *Deutschen Vereins des Gas- und Wasserfaches* liegt der Wirkungsgrad für die Wasserstoffspeicherung, von den Erneuerbaren Energien bis zum Transportende, bei ungefähr 64,1 Prozent. Wird eine hinreichende Methanisierung eingesetzt, sinkt der Wirkungsgrad auf 51,3 Prozent.[14] Ebendiese Energieverluste führen zu schwierigen ökonomischen Bedingungen (vgl. Müller-Syring et al., 2013).

Zusammenfassend lässt sich sagen, dass die Power-to-Gas Technologie mit ihrer Chancenvielfalt und Flexibilität alleine steht. Ihre ökologische Eignung hängt von der Herkunft des einzusetzenden Stroms ab. Da sich die Technologie noch in ihrer Entwicklung befindet, ist eine Verringerung der Kosten und eine Erhöhung der Wirkungsgrade zu erwarten (vgl. Zapf, 2017).

---

[14] Siehe Abbildung 10 im Anhang.

4 Wirtschaftlichkeitsanalyse von Energiespeichern

In dem folgenden Kapitel wird die Wirtschaftlichkeit von Energiespeichern analysiert. Dabei werden sowohl sektorenspezifische als auch sektorenübergreifende wirtschaftliche Zusammenhänge in Bezug auf Speicher analysiert. Die Untersuchung beruht dabei entweder auf quantitativen oder qualitativen Methoden. Im Gegensatz zu den quantitativen Methoden, die Ergebnisse aus mathematischen Verfahren erschließen, verknüpft die qualitative Herangehensweise Daten und Inhalte verschiedener Veröffentlichungen, um daraus eine geeignete Antwort auf die behandelte Fragestellung zu erarbeiten.

Der erste Abschnitt 4.1 befasst sich mit der Lösung des sektorenübergreifenden Marktversagens durch eine fehlende Internalisierung von negativen externen Effekten durch Treibhausgasausstöße. In den Abschnitten 4.2 bis 4.4 werden die einzelnen Energiesektoren mittels desselben Vorgehens beleuchtet.

Für eine gesamtwirtschaftliche Perspektive werden zuerst betriebswirtschaftliche, folgend volkswirtschaftliche Aspekte unabhängig voneinander dargestellt. Abgeschlossen werden die einzelnen Analysen der Sektoren durch die Erläuterung von sektorenspezifischen Lösungsvorschlägen. Zuletzt werden in dem Abschnitt 4.5 die Ergebnisse diskutiert und Politikempfehlungen ausgesprochen.

4.1 Sektorenübergreifende Fördermechanismen

In diesem Unterkapitel werden Marktmechanismen beleuchtet, die das Ziel haben, die fehlende Internalisierung von externen Kosten durch Treibhausgase zu beseitigen. Wie bereits beschrieben sind die Energiespeicher Schlüssel für sektorenübergreifende Energieeffizienzmaßnahmen. Dazu zählt beispielsweise die Möglichkeit Leistungen am Strommarkt zeitlich zu verschieben, Wärmeenergie saisonal umzuverteilen oder n Verkehr zu ermöglichen. Ebendiese Fertigkeiten können zu einer CO_2-Reduktion beitragen, jedoch müssen sich die Speicher im Wettbewerb gegen günstigere klimaschädlichere Technologien durchsetzen. Der bestehende Emissionshandel in Europa (ETS) soll die Wettbewerbsfähigkeit von treibhausgasintensiven Technologien durch einen CO_2-Preis herabsetzen, um nachhaltige Investitionen zu fördern. Dieser Markteingriff durch den Emissionshandel wird im Abschnitt 4.1.1 beschrieben, außerdem werden Schwächen vom ETS herausgearbeitet. Der darauffolgende Teil 4.1.2 befasst sich mit der aktuell in Deutschland diskutierten CO_2-Steuer. Diese soll, genau wie der Emissionshandel, den Ausstoß von CO_2 durch einen Preisaufschlag unattraktiver gestalten. Diese Steuer funktioniert jedoch ergänzend zu dem Emissionshandel national und betrifft die im ETS nicht enthaltenen Sektoren Wärme- und Verkehr.

4.1.1 Emissionshandel

Der Emissionshandel dient dem europäischen Klimaschutz. Unternehmen aus dem Energiesektor und energieintensive Industrien (zum Beispiel Stahlwerke) müssen bei Ausstoß von Treibhausgasen entsprechende Zertifikate aufweisen können. Die Anzahl der Zertifikate wird von der Europäischen Union (EU) festgelegt und soll sich jedes Jahr um 1,74% vermindern (vgl. BMU, 2013).

Unternehmen die weniger Treibhausgase ausstoßen, können ungenutzte Zertifikate an Unternehmen die zu viel ausstoßen verkaufen. Dieser Marktmechanismus ermöglicht, dass die günstigsten Treibhausgaseinsparungen automatisch vorgenommen werden. Die Teilnehmer kaufen nur Zertifikate, wenn der Preis günstiger als die Einsparung von CO_2 ist. Andersrum werden Zertifikate nur verkauft, wenn die Kosten der Einsparung durch den Verkauf gedeckt werden können. Weiterhin kann durch die gesteuerte Verknappung der Zertifikate der Preis erhöht und der Ausstoß zielgerecht verringert werden.

Nichtsdestoweniger weist der Handel einige Schwächen auf. Beispielsweise kann es durch die zusätzlichen Kosten und den internationalen Wettbewerbsdruck zu einem *Carbon Leakage* kommen. Carbon Leakage beschreibt die Flucht von Unternehmen in andere Länder mit geringeren Kosten durch Emissionsauflagen. Diese können dort ungehindert CO_2 ausstoßen und der Handel mit Zertifikaten wird unwirksam. Aus diesem Grund begünstigt die EU international handelnde und energieintensive Unternehmen. Bis 2020 erhalten diese einen höheren Anteil kostenloser Zertifikate, um die Wettbewerbsfähigkeit zu ermöglichen. Dieses Vorgehen widerspricht der Intention des Emissionshandels, ist aber gegen das Risiko des Carbon Leakage abzuwägen. Nachhaltiger kann ein globaler Handel ohne Fluchtmöglichkeiten sein, der jedoch aus politischer Perspektive schwieriger zu gestalten ist (vgl. Europäische Kommission, 2019).

Der Emissionshandel weist, in Bezug auf die Entwicklung der Energiespeichertechnologien, zwei weitere Probleme auf. Das erste Problem ist, dass die niedrigen Preise der Zertifikate die Wettbewerbsfähigkeit von schädlichen Technologien noch nicht ausreichend senken. Dadurch fallen Investitionen in notwendige Technologien, wie Energiespeicher, niedriger aus als notwendig. In der wissenschaftlichen Arbeit von Rockström aus dem Jahr 2017 wird eine *Roadmap for rapid decarbonization* veröffentlicht. In dieser wird darauf hingewiesen, dass in den Jahren

2017–2020 ein notwendiger Preis von über 50$ je Tonne CO_2-Äquivalent notwendig ist, um das Pariser Abkommen einzuhalten (vgl. Rockström, 2017). Im Vergleich dazu arbeitet *Kraan* 2019 heraus, dass ein Preis von 50 \$/t CO_2 nicht ausreicht, wenn das Ziel ist, über das Pariser Abkommen hinaus einen vollständigen und zugleich stabilen Strommarkt zu entwickeln. Mithilfe eines langfristigen Modells stellt Kraan verschiedene politische Maßnahmen dar, die neben einer vollständig regenerativen auch eine sichere mit Speichern ausgestattete Energieversorgung bewirken. Dieses Modell stützt sich auf eine frühere Arbeit von Kraan aus dem Jahr 2018 und es setzt sich das Ziel den Energiemarkt möglichst transparent widerzuspiegeln. Beispielsweise wird eine lineare CO_2-Preissteigerung integriert und die Kapitalwertmethode verwendet, um die Gewinnmaximierung von Investoren zu simulieren. Dieses Modell wird durch die Möglichkeit erweitert in Stromspeicher zu investieren und somit überschüssige Energie zu speichern und bei Bedarf gewinnbringend ins Stromnetz zu speisen. Für die Untersuchung politischer Maßnahmen werden Variationen dieser integriert und der damit einhergehende Einfluss auf das Ergebnis betrachtet (Kraan, 2019).

Mit Bezug auf den in diesem Kapitel betrachteten Emissionshandel kommt Kraan zu dem Ergebnis, dass eine ausreichende Speicherkapazität selbst bei hohen CO_2-Preisen von über 400 €/t CO_2 bis 2070 nicht zur Verfügung gestellt werden kann. Aus diesem Grund plädiert der Autor für verschiedene Lösungen, die ein nachhaltiges Energiesystem ermöglichen sollen. Folglich muss für den CO_2-Preis eine Mindestgrenze von 200 €/t CO_2 vorliegen und es darf kein Maximalpreis gelten. Weiterhin empfiehlt der Autor einen Markt zu etablieren, an dem die Speicherbetreiber nur für die zur Verfügung stehende Leistung, unabhängig davon, ob diese genutzt wird, bezahlt werden können (Kraan, 2019).

Zu einem ähnlichen Ergebnis wie Kraan gelangt auch die TRYNSYS-Analyse[15] eines Gewächshauses von *Semple*. In dieser wird der notwendige CO_2-Preis bestimmt, damit die Wärmeversorgung des Gewächshauses vollständig regenerativ betrieben wird. Mit einem kalkulierten Preis von 220 €/t CO_2 liegt auch dieser weit über dem gehandelten Zertifikatspreis von 25 €/t CO_2 (vgl. Semple et al., 2017 & vgl. Eex, 2019). Zu dem Ergebnis, dass ein CO_2-Preis öffentliche und private Anreize näher zusammenbringt, kommt auch *Debia* in einer aktuellen Arbeit. Dieser verwendet ein Gleichgewichtsmodell des Strommarktes unter Berücksichtigung von

---

[15] Programm zur Simulierung von Anlagen und Gebäuden.

thermischen und regenerativen Kraftwerken (Debia et al., 2019). Ergänzend dazu verwendet *Evans* ein mathematisches Marktmodell und betont zwar, dass sich ein CO_2-Preis zwar kurzfristig insgesamt wohlfahrtsmindernd auswirkt, aber der Wohlfahrtsnutzen von Speichern durch einen Kohlenstoffpreis ansteigt und folglich Speicher attraktiver werden (vgl. Evans et al., 2013). Aus den Veröffentlichungen von Rockström, Kraan, Semple und Debia kann geschlossen werden, dass der Preis in der derzeitigen Marktsituation zu niedrig und insbesondere in Bezug auf Investitionen in Speichertechnologien noch unwirksam ist. Obwohl auch Evans einräumt, dass ein effizienter Preis die Wettbewerbsfähigkeit von nachhaltigen Technologien erhöht, weist er daraufhin, dass ein CO_2-Preis wirtschaftliche Einbrüche verursachen kann.

Das zweite Problem des Emissionshandels ist der Ausschluss des Verkehrs- und Wärmesektors, obwohl in diesen Sektoren, große Potentiale zur Einsparung von Treibhausgasen mithilfe von Energiespeichern vorliegen. Daraus folgt, dass Betreiber von Kohlekraftwerken für ihre Emissionen zahlen, private Verkehrsteilnehmer oder Haushalte jedoch nicht. Sind diese vom Handel betroffen, kann der Preis steigen und somit das Fahren oder Heizen mit fossilen Kraftstoffen wettbewerbsunfähiger werden. Bis zur Ausweitung des Emissionshandels kann die bereits diskutierte CO_2-Steuer diese Lücke schließen (vgl. Kramer, 2010).

Abschließend erschließt sich, dass die bestehenden Regelungen durch den Emissionshandel externe Effekte nicht ausreichend internalisieren. Grund dafür ist eine lückenhafte Umsetzung innerhalb der EU, ein niedriger Preis und eine geographische Begrenzung des Handels. Folglich bleibt die gewollte Internalisierung hinter ihrem Potential und fortschrittliche Technologien, wie zum Beispiel Speicher, werden eine zu geringe Bedeutung beigemessen.

4.1.2 CO_2-Steuer

Wie auch der Emissionshandel hat eine Besteuerung von Kohlenstoffdioxid den Anspruch durch eine Internalisierung die wahren Kosten von fossilen Brennstoffen widerzuspiegeln und käme bei theoretisch perfekter Informationsintegration zu demselben Ergebnis. Jedoch liegt der Unterschied im örtlichen und inhaltlichen Wirkungsbereich, da eine CO_2-Steuer national auf die im Emissionshandel nicht berücksichtigten Sektoren Wärme und Verkehrs ausgerichtet werden kann, um den noch nicht ausgeweiteten europäischen Emissionshandel zu ergänzen.

In Bezug auf Energiespeichertechnologien in den Sektoren Verkehr und Wärme hat eine CO_2-Steuer positive Effekte. Für den Wärmesektor kann ein Umstieg auf das

Wärmenetz attraktiver werden, wodurch die Bedeutung von Fernwärmespeichern, aber auch von saisonalen Speichern ansteigt. Außerdem gewinnt die Power-to-Gas Technologie an Aufmerksamkeit, welche ein Heizen mit synthetischen Gasen ermöglicht. Nicht zuletzt wird die Anschaffung eines Elektrofahrzeuges mit Zunahme der regenerativen Stromquellen stetig attraktiver, wodurch auch im Verkehrssektor der wirtschaftliche Anreiz für Investitionen in entsprechende Batterien und Brennstoffzellen steigt.

In verschieden Ländern wird bereits eine CO_2-Steuer auferlegt, wie beispielsweise in Großbritannien oder in der Schweiz. Großbritannien besteuert eine Tonne CO_2 mit 18 Pfund zusätzlich zu dem bestehenden Emissionshandel. Das ist auch der Grund für den seit 2013 sinkenden Anteil an Kohlestrom von 41% auf 8% im Jahr 2018 (vgl. Chyong, 2019). Die Funktionsweise der CO_2-Steuer ähnelt dem Emissionshandel. Der Preis einer Tonne CO_2-Äquivalent wird staatlich festgesetzt und den fossilen Brennstoffen aufgeschlagen. In der folgenden Abbildung wird die Auswirkung einer unterschiedlich hohen Steuer anhand der Gaspreise verdeutlicht. Die Mehrwertsteuer wird dabei nicht mit einbezogen. Weiter gilt der Gaspreis für 2019, dieser wird der BDEW-Gaspreisanalyse Januar 2019 entnommen (vgl. BDEW, 2019). Mithilfe des globalen Emissions-Modell Integrierter Systeme (GEMIS) werden die CO_2-äquivalenten Treibhausgase je erbrachter kWh berechnet (vgl. Öko-Institut e.V., 2010). Diese Ausstöße werden mit unterschiedlichen Preisen verrechnet und dem Gaspreis hinzugefügt.

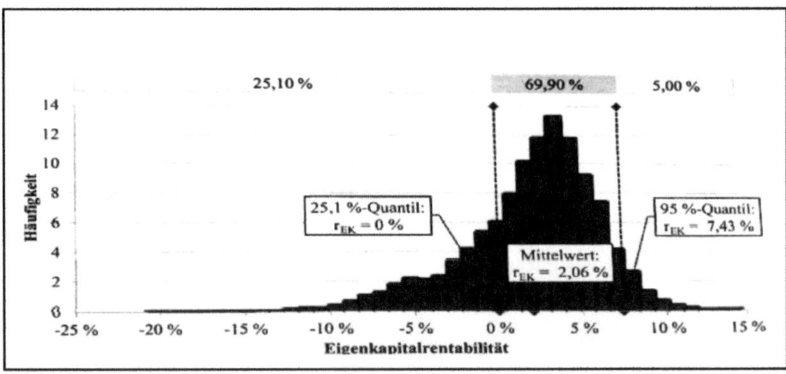

Abbildung 5: Eigenkapitalrenditeverteilung bei Berücksichtigung des Risikos (Quelle: Schmuck, 2017, S.132)

Die Darstellung veranschaulicht, dass eine CO_2-Steuer signifikanten Einfluss auf den Gaspreis und damit auf den Wärmesektor hat. Schon bei einem niedrigen Preis von 20 Euro steigt der Preis um rund 10 % und wirkt sich als Anreiz für klimafreundlichere Technologien aus. Im Vergleich dazu kann die Schweiz mit ihrer CO_2-Steuer bei deutschen Gaspreisen einen Anstieg von 40 % verursachen (vgl. Schweizerische Eidgenossenschaft, 2019). Trotzdem ist darauf hinzuweisen, dass der beschriebene Preis nur in der kurzen Frist gilt. In der langen Frist wird sich ein neues Marktgleichgewicht einstellen, das die durch die Steuer ausgelöste Wohlfahrtsminderung auf Anbieter und Nachfrager aufteilt.

Im Folgenden werden aktuell diskutierte Schwächen der Steuer analysiert. Beispielsweise muss, aufgrund eines Anstiegs der Heiz- und Treibstoffkosten im Verkehr, das Modell der CO_2-Steuer sozialkritisch betrachtet werden. Der Preisanstieg trifft insbesondere finanziell schlechter aufgestellte Haushalte, da diese von ihrem geringeren Einkommen einen höheren Anteil ihres Verdienstes für Heizkosten und Kraftstoffe ausgeben müssen. Folglich kann das Modell zu einem stärkeren Auseinanderdriften der Einkommensschichten und weiterer sozialer Spannungen führen. Darüber hinaus kann die Produktion der Volkswirtschaft aufgrund sinkender Konsumausgaben abnehmen.

Die Lenkungssteuer in der Schweiz eignet sich als Vorbild für eine Lösung dieses Problems. In der Schweiz werden die Einnahmen der CO_2-Steuer zu einem Drittel in die Sanierungen des Wohnraums investiert und zu zwei Dritteln ausgezahlt. Jeder Bürger erhält denselben Betrag über die Krankenkasse gutgeschrieben (vgl. Der Schweizerische Bundesrat, 2018). Der Effekt begünstigt einkommensschwächere Haushalte, die in der Regel geringere Heiz- und Treibstoffkosten verursachen. Gleichzeitig wird ein Nullsummenspiel verhindert.

Als zweiter Kritikpunkt kann eine mögliche Doppelbesteuerung durch die bereits seit 1999 geltenden Ökosteuern aufgezählt werden, die ebenfalls als Lenkungssteuern[16] eingeführt wurden. Zu diesen Steuern zählen die Energiesteuer und die Stromsteuer. Dabei wird Strom mit je 2,05 Cent je kWh[17] und Erdgas mit 3,28 Cent je kWh besteuert, weiter werden die Steuern auf Benzin- und Diesel an der Menge in Litern bemessen. Diese sollen einerseits zum Energie sparen führen,

---

[16] Steuer die der Lenkung des Verhaltens von Wirtschaftsakteuren dient.

[17] Stromsteuergesetz (StromStG) § 3 Steuertarif, 2019.

anderseits unterstützen sie die Finanzierung der Rentenversicherung.[18] Dem Kritikpunkt der Doppelbesteuerung ist vorzuhalten, dass die Ökosteuern nicht explizit auf eine Verringerung der CO_2-Emissionen abzielen. In dem Fachartikel von der *Deloitte* Unternehmensberatung *Braucht Deutschland eine CO2-Steuer?* wird eine treibhausgasspezifische Steuerbelastung von Energielieferanten berechnet. Der Autor Zech belegt, dass die Steuerbelastung je ausgestoßene Tonne CO_2 besonders hoch ist, wenn die Treibhausgase der Technologie niedrig sind. Beispielsweise liegt die Steuerbelastung für Windkraft bei über 2000 Euro je Tonne CO_2 und die von Heizöl bei 19 Euro.[19] Der Grund für diesen erheblichen Unterschied ist die Bemessungsgröße. Da Steuern an die verbrauchte Menge gebunden sind[20] und gleichzeitig die CO_2-Ausstöße je Energiemenge enorme Differenzen aufweisen, ist die Steuerbelastung je Tonne CO_2 sehr unterschiedlich (vgl. Zech, 2018). Folglich kann eine auf CO_2 bemessene Steuer dieses Ungleichgewicht reduzieren und ein klimafreundliches Handeln fördern.

Zusammenfassend lässt sich sagen, dass eine Steuer auf Treibhausgase die nationalen Lücken des Emissionshandels füllen kann. Bei richtiger Umsetzung kann diese Art von Klimaschutz sozialverträglich gestaltet werden. Im Vergleich zu den bestehenden Ökosteuern, die Energieverbräuche senken möchten, ist eine Einführung der CO_2-Steuer wegweisend. Sie kann absichtlich schädlichere Technologien benachteiligen und auch im Wärme- und Verkehrssektor eine deutliche Investitions- und Innovationsrichtung vorgeben. Genau durch dieses klare Bekenntnis werden Speichertechnologien wettbewerbsfähiger und gewinnen an Bedeutung.

4.2 Der Stromsektor

Stromspeicher ermöglichen einen zeitlichen Ausgleich von Nachfrage und Angebot am Strommarkt. Diese Flexibilität erhält durch Preisschwankungen an Spot- und Regelmärkten einen Wert. In einem effektiven Markt sollte sich der volkswirtschaftliche Wert der Speicherdynamik in diesen Gewinnen widerspiegeln. Im Folgenden wird thematisiert, ob dies zutrifft und wie sich die Marktbedingungen verbessern können.

---

[18] Energiesteuergesetz (EnergieStG) § 2 Steuertarif, 2019.

[19] Siehe Abbildung 12 im Anhang.

[20] Beispielsweise für Benzin Liter oder Strom kWh.

4.2.1 Betriebswirtschaftliche Perspektive auf Stromspeicher

Die *Forschungsstelle für Energiewirtschaft* (Ffe) hat 2014 ein *Gutachten zur Rentabilität von Pumpspeicherkraftwerken* veröffentlicht. Die Ziele, das Vorgehen und die Ergebnisse werden im Folgenden erläutert und beurteilt. Aufgrund der ausgereiften und bereits verwendeten Technologie wirken Pumpspeicher repräsentativ für den Stromsektor.

Ziel des Gutachtens ist die Bewertung der betriebswirtschaftlichen Eignung von Pumpspeicherkraftwerken unter derzeitigen Marktbedingungen. Hierfür werden aus den Strombezugskosten, den variablen Betriebskosten sowie den Einnahmen aus dem Stromhandel Deckungsbeiträge[21] gebildet. Diese Deckungsbeiträge werden über einen Zeithorizont von 30 Jahren den fixen Kosten (zu großen Teilen Abschreibungen) gegenübergestellt. Mithilfe der Kapitalwertmethode wird die Investition in ein neues PSW bewertet. Die Kapitalwertmethode kalkuliert zukünftige bilanzwirksame Zahlungen, mithilfe eines realistischen Zinssatzes, auf einen gemeinsamen Zeitpunkt.

Da Märkte Schwankungen unterliegen sind gewinnmindernde Prognosefehler nicht auszuschließen. Die Abschätzung dieser wird in dem Gutachten jedoch nicht berücksichtigt, vielmehr wird von einer vollständigen Prognosefähigkeit ausgegangen. Die sogenannte *perfect foreseight* führt einerseits zu einem unrealistisch hohen Umsatz, andererseits lässt sich das Ergebnis als bestmögliches Ergebnis deuten.

Die angewandten variablen Kosten teilen sich in Strombezugskosten und Kosten aus dem Betrieb auf. Wie in Kapitel 3.1 beschrieben, verwendet das PSW den eingekauften Strom, um Wasser mit einer elektrischen Pumpe eine höhere potentielle Energie zu verleihen. Dieser Strom wird auf einem Energiemarkt eingekauft und mit zusätzlichen Umlagen und Steuern, wie zum Beispiel Konzessionsabgabe oder Stromsteuer, belastet. Dem PSW sind Befreiungsmöglichkeiten für einige dieser Abgaben eingeräumt.[22] Beispielsweise sind diese von Netzentgelten, die zur Finanzierung des Transports der Energie dienen, bei neugebauten PSW für einen Zeitraum von 20 Jahren befreit.[23] Von anderen Strompreisaufschlägen, wie die Konzessionsabgabe oder kleineren Umlagen, lassen sich die PSW nicht befreien. Der

---

[21] Differenz aus Erlösen und Variablen Kosten zur Deckung der fixen Kosten.

[22] Es sei darauf hingewiesen, dass eine Befreiung teilweise nur für PSW möglich ist.

[23] §118 Abs. 6 EnWG.

resultierende Strombezugspreis von 1,81 €/MWh wird als variable Strombezugskosten kalkuliert. Weiterhin wird in dem Gutachten ein Pumpspeicherwerk mit 300 MW Leistung, 3500 MWh[24] Kapazität und 350 Millionen Euro Investitionskosten berechnet.

Die Ffe hat weitere Eigenschaften und Prognosen aus bekannten PSW abgeleitet. Beispielsweise wird mit einer Nichtverfügbarkeitsquote von 10% und einem Wirkungsgrad von 73% gerechnet. Weitere weniger wichtige Annahmen bleiben unbeachtet.

Die Erlöse des kalkulierten PSW werden an unterschiedlichen Märkten realisiert. Beispielsweise wird Strom an Spot- und Regelmärkten verkauft und gekauft. Spotmärkte, zum Beispiel der Day-ahead-Handel, handeln Energiemengen einen Tag vor der Lieferung in Stunden und Viertelstunden Zeiträumen für den Folgetag. Im Vergleich dazu sind Regelmärkte sehr kurzfristig und handeln die elektrische Energie, die notwendig ist, um das Netz stabil zu halten. Innerhalb von 30 Sekunden bis wenige Minuten nach dem Handel erfolgt die Lieferung. Je kurzfristiger ein Markt, desto höher die Schwankungen des Preises und somit auch des möglichen Preis-Spreads, also der Differenz aus Kaufs- und Verkaufspreis. Es sei aber auch darauf hingewiesen, dass kurzfristige Märkte schwieriger zu prognostizieren sind. Die Ffe betrachten unterschiedliche Szenarien, darunter die Teilnahme nur an Spot- oder Spot- und Regelmärkten. In der Rechnung des Ffe ist ein minimaler Preis-Spread von 10–30 Euro notwendig, um einen kostendeckenden Verkauf zu tätigen.

Nach der Kalkulation der Forschungsstelle Energiewirtschaft bildet sich nur ein rentables Szenario ab. Lediglich bei Berücksichtigung von Regelmärkten und Spotmärkten ist ein positiver Barwert zu verzeichnen. Andere Szenarien weisen deutlich negative Barwerte auf. Bestenfalls sind 21 Jahre notwendig, um die Kosten zu amortisieren (vgl. Conrad et al., 2014).[25]

Das Ergebnis der Studie ist repräsentativ für die aktuelle Wirtschaftlichkeit von Stromspeichern. Die weit entwickelte Technologie der Pumpspeicherwerke ist trotz günstigen Bedingungen in Bezug auf ihre Wirtschaftlichkeit als kritisch zu beurteilen. Zum einen sind die resultierenden Investitionskosten von 1166,66 €/kW nach *Sterner und Stadler* für deutsche Verhältnisse als sehr günstig zu bewerten. Ein Grund dafür ist, dass die Investitionsfunktion, in Abhängigkeit von Kapazität

---

[24] MW = 1.000.000 W, MWh = 1.000 kWh.
[25] Siehe Abbildung 11 im Anhang.

und Leistung, mit Vergleichswerten aus dem bayrischen Raum gebildet wurden und dort die geographischen Bedingungen günstiger sind. Zum anderen ist es PSW, im Gegensatz zu anderen Speichertechnologien, schon erlaubt verschiedene Stromaufschläge zu vernachlässigen. Zuletzt wird in dem Modell von einer perfect foreseight ausgegangen und somit sind Prognoseschwächen sowie Entscheidungsrisiken nicht in dem Szenario enthalten. Diese nicht Berücksichtigung der Risiken verzerrt das Ergebnis fälschlicherweise in eine positive Richtung und verschärft somit das kritische Ergebnis weiter.

Die Ökonomie von Pumpspeicherkraftwerken werden auch in den wissenschaftlichen Arbeiten von *Gaudard* 2019 und *Steffen* 2012 beleuchtet. Einerseits zeigt Gaudard anhand von historischen Einnahmen von 96 Pumpspeicherkraftwerken diese ökonomischen Schwächen auf, andererseits bildet Steffen mithilfe der Auswertung von verschiedenen Studien eine kritische Sicht auf die Wirtschaftlichkeit der Pumpspeichertechnologien. Beide Autoren kommen, wie ebenfalls die Forschungsstelle für Energiewirtschaft, zu dem Entschluss, dass die Energiemärkte derzeit für Pumpspeicherkraftwerke unattraktiv sind.

Aus diesen Gründen lässt sich die Investition in ein neues PSW unter derzeitigen Marktbedingungen als nicht wirtschaftlich einstufen.

4.2.2 Volkswirtschaftliche Perspektive auf Stromspeicher

Im Abschnitt 4.2.1 wird herausgearbeitet, dass Pumpspeicherwerke aus betriebswirtschaftlicher Perspektive unattraktiv sind. Dem Gegenüber wird in diesem Abschnitt eine volkswirtschaftliche Sicht dargestellt. Zuerst wird qualitativ herausgestellt, welche Dienstleistungen Stromspeicher für den Stromsektor liefern können. Danach wird anhand einer Veröffentlichung von *Benitez* quantitativ analysiert, ob und wie Stromspeicher eine Minderung von CO_2-Ausstößen im Zusammenhang mit EE bewirken. Abschließend wird ein Fazit gezogen.

Mit einem zunehmenden Anteil an Erneuerbarer Energien qualifizieren sich Energiespeicher als Lösung für planungs-, flexibilitäts- und versorgungstechnischen Probleme. Im Folgenden werden Beispiele von Energiespeicherpotentialen des *Bundesverbandes der Energie und Wasserwirtschaft* (BDEW) aus dem Jahr 2016 qualitativ erläutert.

Als Erste Systemdienstleistung von Stromspeichern nennt der Verband den *Erzeugungsausgleich*. Folglich sind Speicher fähig die langfristigen, saisonalen Leistungsschwankungen sowie die Fluktuationen innerhalb eines Tages auszugleichen.

Markttechnisch bedeutet dies, dass Speicher auf Terminmärkten für Planungssicherheit sorgen können. Während Meteorologen aufgrund von Wetterbedingungen nur kurzfristig Leistungsschwankungen durch EE prognostizieren können, lässt sich durch Energiespeicher Monate im Voraus eine zukünftige Energiemenge festsetzen.

Als Zweites führt der BDEW verschiedene *Flexibilitätsdienstleistungen* auf. Gemeint sind damit die notwendigen Eingriffe, um ein effizientes, ausgeglichenes Stromnetz zur Verfügung zu stellen. Dazu zählen Frequenzhaltung, Redispatch, Ramping und Blindleistungsmanagement. Die Frequenzhaltung meint die Fähigkeit eines Energiespeichers auf kurzfristigen Regelmärkten zu handeln. Diese Märkte sorgen für den sekündlichen Ausgleich von Angebot und Nachfrage. Dadurch wird eine konstante Frequenz von 50 Hz im gesamten Stromnetz ermöglicht.[26] Der Begriff Redispatch steht für den Eingriff in ein örtliches Ungleichgewicht zwischen Stromlieferanten und Stromabnehmern. Bisher sorgen Paare aus konventionellen Kraftwerken für einen Ausgleich. Dabei erhöht ein Kraftwerk in der Nähe des Strommangels die eingespeiste Leistung und ein zweites verringert die Produktion nahe des Stromüberschusses. Der Effekt ist, dass sich zwar der Ort der Einspeisung, aber nicht die Summe der Leistung ändert. Elektrische Energiespeicher können in Zukunft eine ähnliche Rolle spielen, da diese kurze Schaltzeiten ermöglichen. Diese kurzen Regelzeiten ermöglichen auch das sogenannte Ramping, welches die schnelle Reaktion auf steile Residuallastgradienten beschreibt. Somit können Ausbrüche in der Energielieferung schadlos ausgeglichen werden. Zuletzt zählt das Blindleistungsmanagement zu den möglichen Flexibilisierungsdienstleistungen von Speichern. Blindleistung ist für den Aufbau von Magnetfeldern notwendig, allerdings erhöht sie nicht die sichtbare Wirkleistung. Vielmehr kann Blindleistung zusätzliche Verluste verursachen und sollte durch den Netzbetreiber erstattet werden. Speicher wie Pumpspeicherkraftwerke oder Batterien können Blindleistung zur Verfügung stellen oder aufnehmen. Als Drittes nennt der BDEW die Gewährleistung der *Versorgungssicherheit.* Beispielsweise ermöglichen Energiespeicher eine Schwarzstartfähigkeit, also das vom Stromnetz unabhängige Hochfahren einer Stromquelle, und gegebenenfalls eine unterbrechungsfreie Stromversorgung. Im Falle eines Stromausfalls ließe sich durch einen Energiespeicher das Stromnetz wiederaufbauen, da der Speicher eigenständig Leistung aufbringen kann. Die

---

[26] Siehe 2.1, die konstante Frequenz verhindert das herabsetzen der Energiequalität und ermöglicht ein gemeinsames, genormtes europäisches Stromnetz.

Wichtigkeit einer unterbrechungsfreien Stromversorgung lässt sich am Beispiel eines Krankenhauses verdeutlichen. In diesem können bei Versorgungsabbruch lebenserhaltende und lebensnotwendige Prozesse ausfallen (vgl. BDEW, 2016).

Der Bundesverband der Energie- und Wasserwirtschaft betont die Vielfalt der Einsatzmöglichkeiten von Speichern. Aus volkswirtschaftlicher Perspektive wird der Wert dieser Fähigkeiten parallel zur EE-Anteil steigen. Insbesondere in den letzten Schritten der Energiewende wird das Dienstleistungsmonopol für diese Eigenschaften bei den Speichern liegen. In einem Volkswirtschaftlichen Optimum sollte sich der Wert der Optionen in der Wirtschaftlichkeit des Speichers widerspiegeln. Der reale Wert dafür wird erst mit dem Ausfall dieser Optionen sichtbar. Eine kurze Abstraktion der Folgen eines Ausfalls belegt, dass die Flexibilitätsoptionen und der Erzeugungsausgleich vorwiegend wirtschaftliche Verluste abwenden und grundsätzlich Optimierungsprozesse ermöglichen. Versorgungssicherheit bewahrt jedoch die gesamte Volkswirtschaft, insbesondere in einer zunehmend digitalen und elektrischen Umwelt, vor weitreichenden Schäden. Folglich lassen sich Speicher bei fortschreitender Energiewende als volkswirtschaftlich fundamental und zukunftsweisend einstufen.

Ergänzend zu den genannten stromtechnischen Dienstleistungen wird nun anhand der Veröffentlichung *The economics of wind power with energy storage* von Benitez darauf hingewiesen, welches CO_2-Einsparpotential durch Pumpspeicher im Stromsektor vorliegt.

Anhand von verschiedenen Szenarien der Windenergienutzung in der kanadischen Provinz Alberta wird das CO_2-Einsparpotential berechnet. Diese Szenarien unterscheiden sich darin, wie die notwendige Flexibilität zum Ausgleich von windstillen Zeiten bereitgestellt wird. Im ersten Fall wird die Residuallast nur durch Gaskraftwerke ausgeglichen, im zweiten stehen neben den Gaskraftwerken zusätzliche Pumpspeicherkapazitäten zur Verfügung. In beiden Modellierungen wird die von den Gaskraftwerken zu Verfügung gestellte Energiemenge bestimmt. Das beschriebene Modell der Autoren besteht aus einer Zielfunktion, Parametern und Restriktionen. Grundsätzlich orientieren sich die Autoren an den Werten der kanadischen Provinz Alberta. Die Zielfunktion des Modells ist es, die gesamten Kosten des Energiesystems, bestehend aus Gas-, Kohle-, Wasser- und Windkraftwerken, zu reduzieren. Beispielswiese sind diese Kosten abhängig von den verwendeten Kraftstoffpreisen, welche rund 2 Canadian \$/GJ für Kohle und 6 Canadian \$/GJ für Gas betragen. Die Parameter des Modells beschreiben zum Beispiel die installierte Leistung der verfügbaren Windanlagen (bis 5,5 MW) und Wasserkraftwerke (bis 1000 MW) oder die Anfahrtszeiten der Kraftwerke. Zu den Restriktionen des Modells zählt der notwendige Ausgleich aus gegebener Last am Stromnetz und verfügbarer Leistung der Kraftwerke zu jedem Zeitpunkt. Abschließend werden die Funktionen, Bedingungen und Daten in das Programm GAMS integriert und die Energiemenge berechnet.

Das Ergebnis des ersten Szenarios ohne weitere Pumpspeicherkapazitäten ist, dass 100 GWh durch Gaskraftwerke erbracht werden müssen, um die Fluktuationen der Windanlagen auszugleichen. Im Vergleich dazu werden im zweiten Szenario die Speicherkapazitäten verdoppelt. Dadurch reduziert sich die Gaskrafteinspeisung auf 66 GWh (vgl. Benitez et al., 2008). Das Modell belegt, dass Speicher eine Treibhausgasreduktion bewirken können. Unter der Berücksichtigung der im Modell verwendeten CO_2-Emissionen von 0,056 t CO_2/GJ bei Gaskraftwerken, lassen sich CO_2-Ersparnisse in Höhe von 6854 Tonnen kalkulieren.[27] Wird nun ein effektiver CO_2-Preis von 50 US$ von Rockström angenommen[28], dann hat allein die CO_2-Einsparung jährlich einen Wert von 342700 US$.

Nicht nur Benitez deutet darauf hin, dass Stromspeicher einen beträchtlichen volkswirtschaftlichen Wert haben, sondern auch *Debia* 2019, *Sioshansi* 2009, *Khastieva* 2019 und *Sidhu* 2018. Diese weisen mit unterschiedlichen Herangehensweisen auf, dass Stromspeicher die gesamte soziale Wohlfahrt erhöhen können. Debia kommt mithilfe eines Gleichgewichtsmodells des Strommarktes zu diesem Ergebnis, Sioshansi modelliert den Einflussbereich des amerikanischen Energieversorgers PJM Interconnection, Khastieva mit einem MINLP[29] und Sidhu analysiert Speicher anhand einer Monte-Carlo-Simulation[30] in Verbindung mit einer sozialen Kosten-Nutzen-Analyse.

Demgegenüber weisen *Sioshansi* 2014 und *de Sisternes* 2016 darauf hin, dass Speicher nicht immer überwiegend positive Folgen mit sich bringen. Sioshansi modelliert einen Strommarkt, der einem perfekten Wettbewerb unterliegt und verdeutlicht, dass Speicher sich in der kurzen Frist immer wohlfahrtsmindernd auswirken. Im Vergleich dazu implementiert de Sisternes die energieökonomischen Daten Texas in ein lineares Modell und arbeitet heraus, dass Speicher nicht notwendig

---

[27] (0,056 t CO_2/GJ) * (3600*34) GJ = 6854,4 t CO_2.

[28] Siehe Abschnitt 4.1.1.

[29] Mixed Integer Nonlinear Programming, bestehend aus einer Zielfunktion, Parametern und Restriktionen, ähnlich zu Benitez.

[30] Stochastisches Verfahren.

sind, solange noch genügend flexible Kraftwerke, zum Beispiel flexible Kernenergie, am Stromnetz bleiben.

Zusammenfassend zeigt sich, dass, wie in 4.2.1 beschrieben, Investitionen in Pumpspeicherkraftwerke nicht rentabel sind. Aufgrund von zu hohen Risiken durch schwankende Strompreise und hohe Investitionskosten sind Pumpspeicher unattraktive Investitionen. Im Gegensatz dazu hat die volkswirtschaftliche Perspektive auf Energiespeicher bestätigt, dass Speicher wichtige Energiedienstleistungen zur Verfügung stellen und überdies eine Treibhausgasreduktion bewirken können. Die Divergenz zwischen den beiden Sichtweisen wird vor dem Hintergrund wachsender fluktuierender Energien verstärkt. Bei derzeitigen Marktbedingungen kann davon ausgegangen werden, dass Speicher in Zukunft in einem unzureichenden Umfang zu Verfügung stehen werden.

4.2.3 Sektorenspezifische wirtschaftspolitische Handlungsfelder

Abschließend werden zwei wirtschaftspolitische Mechanismen zur sektorenspezifischen Marktregulierung beleuchtet und bewertet. Dabei sei erwähnt, dass die Regulierung der Preisaufschläge eines Speichers als Letztverbraucher in diesem Teil nicht betrachtet wird. Grund hierfür ist die rechtliche Komplexität jeder einzelnen Umlage oder Steuer bezogen auf unterschiedliche Speicher. Dennoch soll hiermit auf die Dringlichkeit einer einheitlichen Rahmenbedingung hingewiesen worden sein.[31]

Das *Energie-Forschungszentrum* Niedersachsen verweist in der Studie *Eignung von Speichertechnologien zum Erhalt der Systemsicherheit* auf unterschiedliche Fördermechanismen von Speichern im Stromsektor. Dazu zählt die Zahlung von Investitionsgeldern sowie ein Eingriff in den in §15 des EEG 2017 beschriebenen Härtefalls.[32]

Eine Förderung von Speichern durch eine staatliche Zahlung von Investitionsgeldern reduziert das Risiko privater Investoren. Die energiewirtschaftlichen Ziele sind eine höhere Wirtschaftlichkeit sowie eine künftige Kostenminimierung durch eine Absatzerhöhung. Wichtig ist dabei, dass eine Diskriminierung einzelner

---

[31] Beispielhafter Handlungsbedarf: 1.) Von der Stromsteuer dürfen sich nur PSW befreien 2.) Doppelbesteuerung und Zahlungen einzelner Umlagen in erster Ebene durch den Speicher in 2. Ebene durch den Kunden.

[32] Zu den Zeiten der Studie handelt es sich um den §12 EEG im Jahr 2012, dieser ist nun inhaltlich im §15 EEG 2017 verschriftlicht.

Speichertechnologien ausgeschlossen ist, denn entstehende Lock-in-Effekte, also die Folgen einer irreversiblen Wahl einer Speichertechnologie, können ein volkswirtschaftliches Optimum verhindern.

Ein Vorteil ist, dass direkte Förderungen bekannt und unkompliziert sind. Es handelt sich um einen Mechanismus, der sich bereits in der Vergangenheit in anderen politischen Bereichen bewährt hat. Ein weiterer Punkt ist die Skalierbarkeit, diese ermöglicht bei Abweichung von einem Speicherkapazitäts-Optimum die Verringerung oder Erhöhung der Fördermittel. Nachteil einer Förderung sind die Kosten, die je nach Auslegung durch Verbraucher oder Steuerzahler finanziert werden. Folglich tragen die Verursacher der Netzschwankungen, die Betreiber der EE-Anlagen, keine weiteren Kosten. Außerdem kann eine einmalige Zahlung dazu führen, dass überwiegend kostenintensive Speichertypen von privaten Investoren gewählt werden.

Ein weiterer diskussionswürdiger Mechanismus ist der Eingriff in das EEG. Dieses beinhaltet mit §15 eine Härtefall-Regelung, die das Risiko schwankender Energielieferanten von dem Betreiber der Anlagen auf die Netzbetreiber umschichtet. Dieses Gesetz kommt bei einem Netzengpass zum Einsatz. Sollte bereits jedes Mittel zur Senkung eines Stromüberschusses vom Netzbetreiber genutzt werden, darf dieser EE abschalten. Der Netzbetreiber muss dann für die nicht eingespeiste Energie bei dem Anlagenbetreiber aufkommen. Dies führt einerseits zu einer Reduktion der Risiken von Anlagenbetreibern, andererseits wird das Risiko von der Allgemeinheit durch Netzentgelte bezahlt. Damit hemmt das Gesetz den Ausbau von Speichern, da die Systemdienstleistungen der Stromspeicher aus der Perspektive der Anlagenbetreiber keinen Wert haben, weil diese in jedem Fall entschädigt werden.

Die indirekte Förderung des Speicherausbaus durch eine Erneuerung des Gesetzestextes birgt Vor- und Nachteile. Im Vergleich zu der Investitionsförderung ist eine Neuauflage der Härtefall-Regel kostengünstig und kann weitere Verwaltungskosten abbauen. Außerdem werden externalisierte Kosten durch Schwankungen der Erneuerbaren Energien internalisiert. Nachteil ist jedoch, dass das, mit fortschreitender Energiewende größer werdende, Risiko wieder auf den Schultern der EE-Betreiber liegt. Somit kann der Anreiz für Investitionen in EE-Anlagen sinken. Überdies ist der Zubau von Speichertechnologien durch eine Erneuerung des Härtefalls ungewiss und schwieriger zu skalieren als mit Fördermitteln (vgl. Benger et al., 2013).

Abschließend ist dargestellt, dass die Probleme im Ausbau der Stromspeicher überwiegend wirtschaftlicher Natur sind. Da sich die zusätzlichen Kosten mit dem tatsächlichen volkswirtschaftlichen Nutzen decken, lässt sich über unterschiedliche Fördermittel diskutieren. Je nach Fördermittel werden die Kosten an unterschiedliche Marktteilnehmer umgeschichtet, denn bei einer Investitionsförderung zahlen, je nach Auslegung, die Stromverbraucher oder Steuerzahler. Kommt es zu einer Abschaffung des §15 EEG tragen die Anlagenbetreiber, beziehungsweise in Folge dessen die Verbraucher, die Kosten. Aus diesen Gründen gilt es die Frage der Verantwortung zu beleuchten und weitere unnötige Hemmnisse, wie Doppelbelastungen, zu beseitigen.

4.3 Der Wärmesektor

Wie im Abschnitt 3.3 herausgearbeitet eignen sich bisher nur sensible Wärmespeicher zur effizienten Speicherung von Wärmeenergie, dennoch lassen sich hierbei zeitliche Wärmeverluste nicht verhindern. Aus diesem Grund wird im Folgenden nicht nur die Wirtschaftlichkeit von chancenreichen sensiblen Wärmespeichern beleuchtet, sondern auch die alternative Technologie PtG.

4.3.1 Betriebswirtschaftliche Perspektive auf Wärmespeicher

Anhand der wissenschaftlichen Arbeit *Wirtschaftliche Umsetzbarkeit saisonaler Wärmespeicher* von *Schmuck* aus dem 2017 wird ein Bild der betriebswirtschaftlichen Eignung von saisonalen Wärmespeichern gezeichnet. Im Folgenden wird die Vorgehensweise erläutert und die Ergebnisse dargestellt.

Der Verfasser bildet in seinem Modell einen vollständigen Finanzplan eines saisonalen Wärmespeichers ab. Bestehend aus acht Schritten wird mit dem Finanzplan die Eigenkapitalrendite eines 22-jährigen Speicherprojektes berechnet und mithilfe einer stochastischen Analyse die Sensibilität der Rendite erarbeitet. Unter Berücksichtigung der Ergebnisse und der Zielführung des Unterkapitels ist es sinnvoll nur drei der acht Schritte näher zu erläutern. Der Vollständigkeit halber ist der gesamte Modellablauf in Tabelle 3 im Anhang dargestellt.

Schritt Eins befasst sich mit der Ermittlung der Auszahlungen, darunter fällt die Kalkulation der Realisierungs-, Nutzungs-, und Grundstückskosten und Kosten für die Projektgesellschaft sowie gespeicherter Energie. Der Autor rechnet dabei mit der Realisierung eines 5000 m³ umfassenden Speichers. Dieser fasst eine Speichermenge von 969.000 kWh, welches dem jährlichen Wärmebedarf einer Wohnfläche von 9690 m²–12920 m² entspricht.[33] Bei Realisierungskosten von 938.856,85 Euro ergeben sich Investitionskosten von unter 1 €/kWh, diese können anhand von *Sterner und Stadler 2017* als realistisch eingestuft werden. Abschließend werden die Kosten der gespeicherten Abwärme auf 0,02 €/kWh kalkuliert.

Schritt 2 ist die Ermittlung der Einzahlungen. Unter Annahme eines Erlöses von 0,11 €/kWh wird die Wärmeenergie verkauft und bei einer linearen Abschreibung von 4 % wird der Speicher im 22. Jahr zum Restwert veräußert.

$$\left(\frac{483.193,14\ €}{286.000,00\ €}\right)^{\frac{1}{22}} - 1 = 0,0241$$

Unter diesen und weiteren Annahmen[34] wird in Schritt Acht der Endwert von 483.193,14 Euro mit der Summe des eingesetzten Eigenkapitals von 286.000 Euro zu einer Eigenkapitalrendite verrechnet. Das vom Autor gewählte Projekt kann dementsprechend eine Eigenkapitalrendite von 2,41% aufweisen. Daraus kann ein erstes Zwischenfazit gezogen werden, das besagt, dass die saisonalen Wärmespeicher schon heute wirtschaftlich betrieben werden können.

---

[33] Nach eigenen Berechnungen mit der Effizienzklasse C von 75 – 100 kWh/(a*m²).
[34] Beispielsweise: Fremdkapitalquote von 80% zu einem Effektivzinssatz von 2%.

Parameter	Sensitivität der Eigenkapitalrendite		
	-30%	0%	30%
Realisierungskosten	5,83%	2,41%	-0,58%
Nutzungskosten	2,99%	2,41%	1,78%
Erbbauzins für Grundstück	3,48%	2,41%	1,18%
Kosten der Projektgesellschaft	2,83%	2,41%	1,98%
Anteil Fremdkapital	2,03%	2,41%	/
maximale Speicherkapazität	-4,73%	2,41%	6,16%
spezifische Kosten für Speicherbeladung	3,77%	2,41%	0,72%
speichernutzungsgrad	-6,64%	2,41%	/
spezifische Erlöse aus Wärmeverkauf	-6,64%	2,41%	6,82%
Linearer Abschreibungssatz	3,25%	2,41%	1,60%
Effektivzinssatz für Kredit	3,04%	2,41%	1,74%
Habenzinssatz	2,37%	2,41%	2,45%
Verbraucherpreissteigerung	2,70%	2,41%	2,10%
Energiepreissteigerung	-1,70%	2,41%	4,38%

Tabelle 1: Sensitivitätsanalyse der Eigenkapitalrendite
(Quelle: In Anlehnung an Schmuck, 2017)

Dennoch handelt es sich bei den vorgegebenen Werten um Schätzungen. Aus diesem Grund hat der Autor eine Sensitivitätsanalyse angehängt. Bei dieser werden die Parameter bis zu 30% verändert und die resultierte Eigenkapitalrendite berechnet. Die Analyse aus Tabelle 1 belegt, dass die Realisierungskosten, maximale Speicherkapazität sowie die spezifischen Erlöse die größten Schwankungen in der Rentabilität bewirken und sich somit als geeignete Hebel für eine mögliche Renditeoptimierung oder eine Förderung qualifizieren.

Trotzdem ist diese Sensitivitätsanalyse nur aussagekräftig in Bezug auf einzelne Parameter. Jedoch schwanken alle Größen in der Realität und es entstehen Konstellationen, in denen mehrere Auslegungen negativ sein können. Auch dies wird von *Schmuck* analysiert. Methodisch wird jedem Parameter ein Maximal-, Minimal- und ein wahrscheinlichster Wert zugeordnet. Zwischen diesen Werten wird eine Dreiecksverteilung angenommen und mit anderen Parametern überlagert, sodass sich die Eigenkapitalrenditeverteilung aus Abbildung 5 ergibt. Diese verdeutlicht, dass in 25,1% der Fälle eine negative Rendite zu erwarten ist. Der Erwartungswert der Eigenkapitalrendite liegt bei etwa 2,06% und ist damit kleiner, als die berechnete Rendite ohne erwartete Schwankungen (vgl. Schmuck, 2017).

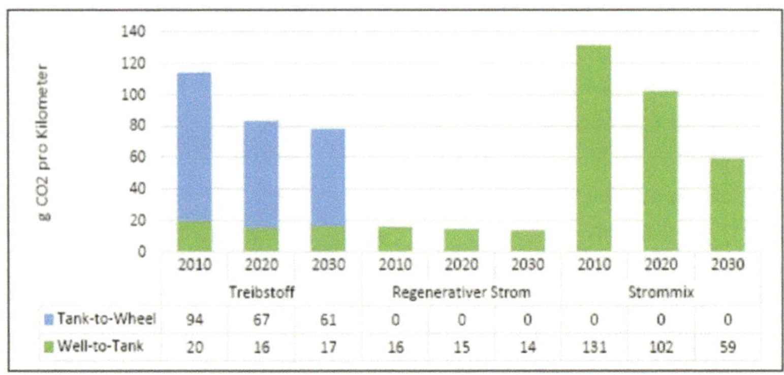

	Treibstoff			Regenerativer Strom			Strommix		
	2010	2020	2030	2010	2020	2030	2010	2020	2030
■ Tank-to-Wheel	94	67	61	0	0	0	0	0	0
■ Well-to-Tank	20	16	17	16	15	14	131	102	59

Abbildung 6: Verursachte Treibhausgasausstöße von konventionellen Fahrzeugen im Vergleich zu Elektrofahrzeugen
(Quelle: In Anlehnung an Schallaböck/Bauhaus, 2012)

Zusammenfassend hat sich herausgestellt, dass selbst bei der Berücksichtigung von Schwankungen eine positive Eigenkapitalrendite zu erwarten ist (Schmuck, 2017). Ergänzend zu Schmuck betont *Welsch* 2018 anhand einer fiktiven ökonomischen Bilanz, dass der saisonale Speicher in Verbindung mit einer Kraft-Wärme-Kopplung konkurrenzfähig ist (Welsch, 2018). Diese Herangehensweise ist vergleichbar mit der von Schmuck, welcher mit kostengünstiger Abwärme kalkuliert und betont, wie wichtig die Herkunft und somit die Kosten der gehandelten Energie sind. Im Gegensatz zu diesem Ergebnis kommt *Bott* 2019 bei der Analyse von 31 Standorten saisonaler Wärmespeicher zu dem Fazit, dass diese schwierigen Marktbedingungen unterliegen. Dies liegt insbesondere an den Hohen Baukosten (Bott, 2019).

Abschließend verdeutlicht die betriebswirtschaftliche Perspektive auf saisonale Wärmespeicher, dass eine Anlage ökonomisch sein kann. Zu diesem Ergebnis kommen die theoretischen Analysen von Schmuck und Welsch. Die praktische Untersuchung von Bott stellt jedoch dar, dass die Wirtschaftlichkeit in der Realität fragwürdiger ist.

4.3.2 Volkswirtschaftliche Perspektive auf Wärmespeicher

Der folgende Abschnitt befasst sich mit der Volkswirtschaftlichkeit von Wärmespeichern. Einerseits werden sensible Wärmespeicher auf ihre ökologische Eignung geprüft, andererseits werden die volkswirtschaftlichen Chancen der konkurrierenden Technologie Power-to-Gas analysiert.

Die wissenschaftlichen Publikation *Feasibility study of seasonal solar thermal energy storage in domestic dwellings in the UK* von *Ma* befasst sich mit der Auslegung eines sensiblen saisonalen Wärmespeichers, der mit Solarenergie beladen wird. Ziel ist es, die notwendige Speicherkapazität und Solarfläche zu ermitteln, um den gesamten Wärmeenergiebedarf einer Wohnung über zwölf Monate mithilfe regenerativer Energien zu decken.

Das von *Ma* berechnete Modell berücksichtigt die klimatechnischen Bedingungen von acht unterschiedlichen Städten Großbritanniens. Weiterhin werden Faktoren, wie zum Beispiel der Wärmebedarf einer Wohneinheit über zwölf Monate, Neigung der Solarfläche und Temperatur des Wärmeträgers, einkalkuliert. Beispielsweise entspricht der gesamt jährliche Wärmebedarf einer Wohnung in Edinburgh 1887 kWh und die effizienteste Neigung der Solarfläche entspricht 45°. Zusätzlich werden drei unterschiedliche spezifische Transmissionswärmeverlustkoeffizienten in Höhe von 50 W/K, 150 W/K und 250 W/K angenommen, um unterschiedliche Wohnungsisolationen zu simulieren.

Die Ergebnisse der Veröffentlichung zeigen, dass eine CO_2-freie Wärmebereitstellung möglich ist. Im Falle der 50 W/K, 150 W/K und 250 W/K Transmissionswärmeverlustkoeffizienten sind Solarflächen mit einer Größe von 10,76–31,60m², 25,79–77,41m² und 40,51–123,22m² sowie eine Wärmespeicherkapazität von 2331,91–3235,26 kWh, 5821,50–8189,00 kWh und 9311,10–13143,01 kWh für die Bereitstellung der Wärme notwendig. Dennoch stellt sich heraus, dass bei Dachflächen zwischen 24,46–56,1 m² die Energieversorgung von Städten zentralisiert werden muss (Ma et.al, 2018). Unterstützt wird das Ergebnis von Ma durch die wissenschaftlichen Arbeiten von *Semple* 2017, *McKenna* 2019 und *Persson* 2013, die belegen, dass saisonale Wärmespeicher zu einer Reduktion von CO_2-Emissionen führen und somit einen volkswirtschaftlichen Nutzen beitragen. Zu diesem Ergebnis kommen die Autoren mithilfe der Software TRYNSYS, einer linearen mathematischen Programmierung sowie einem Modell der theoretischen Verhaltensökonomik.

Die Veröffentlichungen haben quantitativ ermittelt, dass sich Wärmespeicher für eine klimafreundliche Wärmebereitstellung eignen und damit zu einem volkswirtschaftlichen Nutzen beitragen. Gleichwohl ist darauf hinzuweisen, dass diese Chance der saisonalen Speicher von der Art der Wärmequelle abhängt. Daraus geht jedoch eine weitere volkswirtschaftliche Chance zur Erhöhung der *Energieeffizienz* hervor, denn Speicher ermöglichen die Nutzung von Industrieller Abwärme. Diese Abwärme entsteht bei der Produktion und kann in ein Fern- oder Nahwärmenetz gespeist werden. Auch die Abwärme aus thermischen Kraftwerken, die aus energietechnischer Perspektive ungenutzt bleibt, kann im Wärmenetz verwendet werden. Diese Energie ist günstig und kann sich erst durch Speicher und Wärmenetze verwendet werden. Zuletzt eignet sich die Wärmeenergie aus Geothermie und Blockheizkraftwerken, um diese in ein Wärmenetz zu speisen. Ökologisch betrachtet können dadurch an anderer Stelle fossile Energieträger eingespart werden (vgl. Schmidt/Geyer, 2016).

Ein Problem sensibler Wärmespeicher ist es, dass der Nutzen nur unter Berücksichtigung einer Wärmeinfrastruktur wirkt. Mit dem Ausbau dieses Wärmenetzes sind jedoch hohe Investitionskosten verbunden. Eine Lösung für dieses Problem ist die Entwicklung der Power-to-Gas Technologie.

Das regenerative Gas kann auf ein bestehendes Gasnetz zurückgreifen und senkt damit die volkswirtschaftlichen Kosten der Energiewende. Darüber hinaus können bestehende Heizanlagen in Wohnungen weiter genutzt werden, wodurch sich private und öffentliche Sanierungskosten reduzieren (vgl. Sterner/Stadler, 2017). Überdies ist diese Technologie aus volkswirtschaftlichen Sicht ein mögliches Exportgut, denn unter der Berücksichtigung der globalen Chancen von PtG und des bestehenden Know-hows in Deutschland kann sich der derzeitige Weltmarktanteil an der Technologie von etwa 20% weiter ausbauen (vgl. Power-to-X-Allianz, 2019). Weiterhin hat PtG das Potential insgesamt 470.000 neue Arbeitsplätze in einer zukunftsträchtigen Branche zu schaffen. Diese Arbeitsplätze können die durch den Umbau des Energiesystems verlorenen Stellen ausgleichen (vgl. Weltenergierat, 2018). Nicht zuletzt ermöglicht PtG aus technischer Perspektive, im Gegensatz zu den etablierten sensiblen Speicherarten, das Speichern von Wärme über saisonale Zeiträume ohne weitere Wärmeverluste. Jedoch ist das Speichern von Wärme mithilfe von PtG kostenintensiver und wird sich auch nach Austritt der Entwicklungsphase nicht ändern (vgl. Zapf, 2017).

In Abschnitt 4.3.1 ist herausgearbeitet, dass saisonale Wärmespeicher ökonomisch genutzt werden können. Überdies hat Ma in seiner wissenschaftlichen Arbeit hervorgehoben, dass saisonale Wärmespeicher ökologisch sinnvoll sind. Aus diesen Gründen sollte die wirtschaftliche Eignung dazu führen, dass ein gesamtwirtschaftliches Optimum eintritt. Dennoch werden nur rund 12% des Wärmebedarfs aus Fernwärme gedeckt (vgl. Schmidt/Geyer, 2016). Für diesen Marktzustand lassen sich insbesondere zwei Gründe ausmachen. Zum einen führt die günstigere Konkurrenz der fossilen Wärmelieferanten, wie zum Beispiel Erdöl und Erdgas dazu, dass ökologischere Technologien vom Markt verdrängt werden. Zum anderen liegt eine vergleichsweise schwache Infrastruktur vor, denn das Erdgasnetz Deutschlands ist insgesamt 530.000 km lang, im Vergleich dazu das Fernwärmenetz rund 236.000 km (vgl. BKA, 2012 & FNB Gas, 2019). Die hohen Investitionskosten für die Infrastruktur wirken demnach hemmend. Abschließend ist jedoch ein Ausbau der Wärmenetze unter Berücksichtigung von ergänzenden Technologien anzustreben, da das Erdgasnetz für einen ökologischeren Betrieb bei Markteinführung von PtG nicht vollständig ersetzt werden muss.

4.3.3 Sektorenspezifische wirtschaftspolitische Handlungsfelder

Aufgrund der Wirtschaftlichkeit von saisonalen Wärmespeichern wird sich im Folgenden auf die noch nicht marktfähigen Technologien konzentriert. Dennoch soll der Vollständigkeit halber kurz betont werden, welche direkte Förderform sich am besten für die Unterstützung von saisonalen sensiblen Wärmespeichern eignet. Dies lässt sich besonders gut anhand der Sensitivitätsanalyse von Schmuck herausarbeiten, da diese Analyse die Parameter verdeutlicht, die hohe Schwankungen und damit Unsicherheiten verursachen. Das Ergebnis deutet darauf hin, dass eine Förderung zur Steigerung der Rentabilität besonders effektiv ist, wenn diese die Realisierungskosten verringert oder alternativ einen hohen Wärmeerlös sicherstellt (vgl. Schmuck, 2017).

Ein Schlüssel für eine ökologische Wärmeversorgung ist die Entwicklung von verlustarmen Langzeitspeichern. Darunter fallen latente, thermochemische, aber auch Power-to-Gas als Speichertechnologien. Diese Technologien sind noch nicht vollständig entwickelt und sollten insbesondere im Sinne ihrer Wirtschaftlichkeit verbessert werden (vgl. Sterner/Stadler, 2017). Beispielsweise ließe sich die freigesetzte Wärme bei der Methanisierung von Wasserstoff auffangen. Dadurch kann sich der Wirkungsgrad der Wandlung und die Wirtschaftlichkeit steigern (vgl. Zapf, 2017). Folglich ist es sinnhaft auch noch zukünftig Fördergelder in *Forschung und Entwicklung* der Technologien fließen zu lassen.

Nichtsdestoweniger haben das erste Kapitel der Arbeit und Abschnitt 3.5 darauf hingewiesen, dass die Flexibilitätsoptionen von PtG schon in naher Zukunft notwendig sind. Um einen Markteintritt und erste Speicherleistungen von PtG zu integrieren, hat die sogenannte *Power to X Allianz* im April 2019 einen Vorschlag für ein *Markteinführungsprogramm* veröffentlicht. Dieses Programm hat das Ziel ab 2021 die installierten Leistungen jährlich um ein GW zu erhöhen. Der Vorschlag an die Bundesregierung soll nicht nur die Markteintrittsbarrieren verringern, sondern verpflichtet die Teilnehmer auch an ökologische Prinzipien. Zu diesen Regeln zählt, dass der Strom für die Wasserstoffelektrolyse zwingend aus regenerativen Quellen stammen sollte und dieses mithilfe von Stromlieferverträgen nachzuweisen ist. Darüber hinaus muss ein Effekt zur Kohlenstoffdioxidvermeidung ersichtlich sein, was bedeutet, dass das gewonnene Gas zur Substitution von fossilen Energieträgern genutzt wird. Kern der Förderung ist, die Anlagenbetreiber für eine verhinderte Tonne CO_2 zu entschädigen. Die Zahlung soll durch die KfW Bank erfolgen und die Höhe der Innovationsförderung orientiert sich an dem Zielsektor, indem das CO_2 vermieden wird. Folglich unterscheiden sich die Preise für eine verhinderte Tonne CO_2 in den Sektoren Strom, Wärme und Verkehr. Außerdem legen die Regularien des Markteinführungsprogrammes fest, dass die Power-to-Gas Technologie als Klimaschutztechnologie anerkannt werden soll.

Die Dauer des Markteinführungsprogrammes sollte sich auf zwölf Jahre belaufen. Innerhalb dieser sollen die entsprechenden Förderungen wirken und degressiv abgebaut werden. In den ersten fünf Jahren soll je ein GW Leistung ausgeschrieben werden und bis 2025 eine Speicherleistung von 5 GW aufgebaut worden sein (vgl. Power-to-Gas Allianz, 2019).

Insgesamt stellt sich dieses Markteinführungsprogramm auch als eine direkte Förderung einer Technologie dar. Positiv ist dabei der direkte Bezug zur Kohlenstoffreduktion. Somit wird gewährleistet, dass sich eine ökologische Zielsetzung wirtschaftlich lohnt. Negativ ist jedoch die einseitige Förderung, wobei es wünschenswert ist die Chancen von PtG mit denen von konkurrierenden Technologien, wie sensible saisonale Wärmespeicher, zu vergleichen und gegebenenfalls zu übertragen.

4.4 Der Verkehrssektor

Die Beurteilung der Wirtschaftlichkeit von Energiespeichern im Verkehrssektor ist schwieriger zu differenzieren. Grund dafür sind die nicht zurechenbaren Folgen, da Speicher nicht unmittelbar für weniger Schadstoffe sorgen. Demnach wird in den folgenden Abschnitten die Wirtschaftlichkeit von potentiell regenerativ betreibbaren Kraftfahrzeugen betrachtet. Legitimiert wird dies durch die damit verbundene Notwendigkeit von Energiespeichern sowie einer besseren Darstellung des Gesamtsystems. Weiterhin spiegelt sich die Wichtigkeit der Batterien im Kostenanteil von rund 29% eines neuen Elektroautos wider (vgl. GEO, 2013.).

4.4.1 Betriebswirtschaftliche Perspektive auf Energiespeicher im Verkehr

Zukünftige Kraftfahrzeuge stützen sich derzeit auf den Einsatz von Brennstoffzellen und Lithium-Ionen Akkumulatoren. Da im Vergleich zu den Elektroautos weniger Pkws mit Brennstoffzellen betrieben werden, wird in diesem Abschnitt die Wirtschaftlichkeit eines Elektroautos im Vergleich zu einem mit Diesel betriebenen Wagen dargestellt.

In dem Buch *Entscheidungen beim Übergang in die Elektromobilität von Proff* wird eine Wirtschaftlichkeitsanalyse von *Gries* und *Zelewski* veröffentlicht. Anhand einer Investitionsentscheidung, in Form einer Fahrzeugkostenrechnung, aus der Perspektive eines Spediteurs im urbanen Raum wird die Markttauglichkeit von elektrischen Kraftfahrzeugen verglichen.

Konkret werden die Modelle IVECO Daily Kastenwagen mit und ohne Elektroantrieb berechnet. Dabei ist der Bewertungszeitraum ein Jahr und die Laufleistung 40000 Kilometer. Grundsätzlich lässt sich sagen, dass ein Großteil der Kostenstruktur gleich ist. Dazu zählen beispielsweise die Personalkosten und Reifenkosten. Des Weiteren wird die Batterieladezeit nicht berücksichtig, da diese dank ausreichender Reichweite das operative Geschäft nicht beeinflusst. Unterschiede in der Kalkulation finden sich in den Wartungskosten. Da ein Dieselmotor aus etwa 1400 Teilen besteht und ein Elektromotor aus rund 200 werden keine Schmierstoffe benötigt und Elektroautos mit geringeren Wartungskosten berechnet. Weiterhin unterscheiden sich die Energiepreise. Ein Liter Diesel wird mit 1,49 Euro berechnet, während die kWh für industrielle Unternehmen in der Analyse mit einem Preis von 0,14 Euro einfließt.[35] Diese Preise werden dementsprechend auf einen Kilometer kalkuliert. Außerdem genießen Elektroautos eine zeitliche Freistellung von der Kraftfahrzeugsteuer. Zuletzt wird der Kaufpreis berücksichtigt. Mit einem Nettokaufpreis von 80.200 Euro ist der Preis der elektrischen Variante mehr als doppelt so hoch wie der Preis des Diesels mit 30.230 Euro (vgl. Proff, 2015).

---

[35] Preise aus dem Jahr 2012.

	Kilometersatz	Gesamtkosten
Elektrische Variante	0,27 €/km	61.911,98 €
Diesel-Variante	0,26 €/km	52.092,65 €
Preisunterschied	3,59%	18,85%

Tabelle 2: Kalkulationsergebnis
(Quelle: In Anlehnung an Proff, 2015)

Tabelle 2 demonstriert das Ergebnis der Analyse, dass besonders der jährliche Preisunterschied von 18,85% zugunsten des Dieselfahrzeuges ein Indiz für ein Marktungleichgewicht ist (vgl. Proff, 2015). Zelewski und Gries benennen auch die Relevanz der Batteriekosten als Grund für die Preisunterschiede. Überdies werden in der Analyse, aufgrund der schwierigen Kalkulation, positive Nebeneffekte kostentechnisch nicht berücksichtigt. Laut der Autoren führt die Nutzung eines Elektroautos zu einem Imagegewinn, der eine Kundenakzeptanz für einen ökologisch begründeten Preisaufschlag fördert. Ein letzter positiver Nebeneffekt ist, dass die immer häufiger auftretenden Umweltzonen weiter beliefert werden können.

Nach Betrachtung der Analyse ist deutlich, dass sich im Jahr 2013 die Investition in ein elektrisches Kraftfahrzeug aus Sicht eines Marktteilnehmers nicht lohnt. Ergänzend zu diesem Ergebnis kann die Analyse in ein aktuelles Bild gesetzt werden. Beispielsweise sind bis heute die Batteriepreise tatsächlich gefallen und sollen bis 2020 auch noch weiter sinken (vgl. Thielmann et al., 2012). Dennoch wird in einer Studie von *Horvath & Partners* ermittelt, dass Kunden von einem Preisfall der Batterien nicht profitieren.

Nichtsdestoweniger werden seit Anfang 2018 Elektrofahrzeuge mithilfe eines Umweltbonus gefördert, wobei die Höhe der Prämie für ein rein elektrisch betriebenes Kraftfahrzeug 4000 Euro beträgt (vgl. BAFA, 2018). Unter Berücksichtigung dieser Förderung wird das Ergebnis der Untersuchung gemildert, jedoch nicht verändert.

Das Ergebnis der Analyse von Gries und Zelewski wird durch *Danielis* 2018 bestätigt. Dieser hat anhand einer Gesamtkostenrechnung die Wirtschaftlichkeit von elektrischen Fahrzeugen in Italien analysiert und betont, dass erst 2025 elektrische Fahrzeuge ohne Subventionen marktfähig sind (vgl. Danielis et al., 2018). Auch *Giordano* 2018 weist auf wirtschaftliche Schwächen elektrischer Kraftfahrzeuge für private Nutzer hin, obwohl er veranschaulicht, dass in einigen Städten elektrische Lieferwagen heute schon wettbewerbsfähig sind (vgl. Giordano et al., 2018)

4.4.2 Volkswirtschaftliche Perspektive auf Energiespeicher im Verkehr

Das *Wuppertal Institut für Klima, Umwelt, Energie GmbH* hat 2012 eine *Umweltbegleitforschung für Elektromobilität* veröffentlich. In dieser wird die Ökologietauglichkeit von elektrischen Automobilen hinterfragt und mit konventionellen Technologien verglichen. Weiterhin werden ergänzende, volkswirtschaftlich relevante Parameter herausgestellt. Ebendiese Veröffentlichung wird im Folgenden dabei helfen, die volkswirtschaftliche Eignung von einem elektrisch betriebenen Mobilitätssektor zu bewerten. Aufgrund der zwingenden Notwendigkeit eines elektrischen Energiespeichers, lassen sich positive Effekte der Elektromobilität auf die Energiespeicher übertragen.

Zuerst werden die volkswirtschaftlichen Kosten der zusätzlichen Ladeinfrastruktur betrachtet. Beispielsweise sind Investitionen in Höhe von über 750 Euro für Anschluss und Bau eines Heimanschlusses notwendig. Eine öffentliche Ladestation benötigt über 7000 Euro und Schnellladestationen 47500 Euro (vgl. UBA, 2016). Diese Kosten müssen zu einem großen Teil staatlich getragen werden, insbesondere aufgrund der unzureichenden Wirtschaftlichkeit durch fehlende Fahrzeuge und damit Kunden, es handelt sich um ein sogenanntes *Henne-Ei-Problem* (vgl. Gnann et al., 2012).

Weiterhin muss der ökologische Einfluss der Batterieherstellung analysiert werden, da die Fertigung und Aufbereitung der Rohstoffe besonders energieintensiv sind. Dabei werden mehrere Tonnen CO_2 frei, die sich dann auf jeden gefahrenen Kilometer umverteilen. Nichtsdestoweniger ist der Energieverlust durch Ein- und Ausspeisung der Batterie größer und führt bei einer kohlenstoffintensiven Stromherstellung zu höheren Ineffizienzen, als die gesamte Batterieherstellung (vgl. Leiva, 2017). Darüber hinaus sollte abgewogen werden, welche Arbeitsbedingungen und welche ökologischen Folgen durch Lithiumfarmen in Südamerika toleriert werden dürfen.[36]

---

[36] Siehe Kapitel 3.4.

Trotz dieser Problematiken gilt das Elektroauto in Bezug auf Treibhausgase als ökologischere Variante im Vergleich zu den mit Benzin oder Diesel betriebenen PKWs. Das Wuppertal Institut hat zur Beantwortung dieser Frage die CO_2-äquivalenten[37] Treibhausgase von der Herstellung bis zum Ende des Produktlebenszyklus auf die Kilometerzahl bezogen.

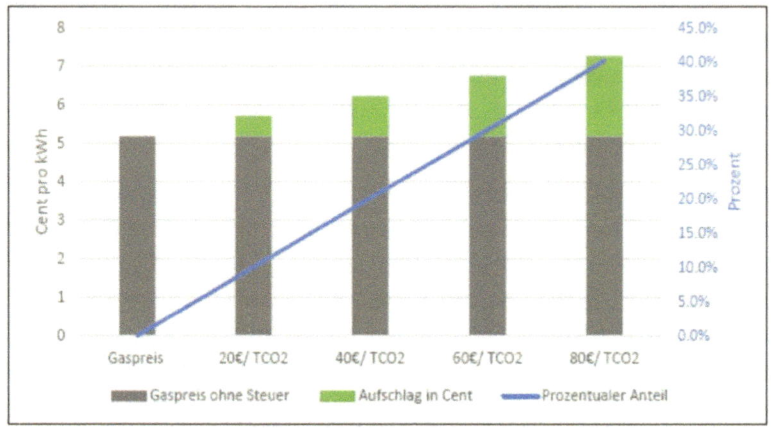

Abbildung 7: Gaspreisentwicklung je Steuersatz
(Quelle: Eigene Darstellung)

Das Balkendiagramm in Abbildung 6 veranschaulicht die Entwicklung der Treibhausgasemission von elektrisch und Treibstoff betriebenen PKWs. Der blaue Anteil des Balkens repräsentiert dabei die verursachten Ausstöße aufgrund von der Energieübertragung vom Tank zum Rad (Tank-to-Wheel), während der grüne Anteil die Treibhausgasemissionen von der Quelle bis zur Bereitstellung der Energie im Fahrzeug darstellt (Well-to-Tank). Diese beiden Anteile finden sich addiert in der Höhe des Balkens. Des Weiteren wird unterschieden zwischen dem Jahr 2010 und den prognostizierten Jahren 2020 und 2030 (vgl. Schallaböck/Bauhaus, 2012).

Es ist erkennbar, dass sich die Menge der CO_2-äquivalenten Gase pro Kilometer zwischen dem Treibstoff- und Strommixfall ähneln. Lediglich elektrische Fahrzeuge, die ausschließlich mit regenerativen Stromquellen betrieben werden, weisen einen erheblich geringeren Ausstoß auf. Zusätzlich sinken die Gasbelastungen in allen Fällen. Dies liegt im steigenden EE-Anteil, beziehungsweise der Biokraftstoff-Nachhaltigkeitsverordnung, begründet. Außerdem stellt die Abbildung dar, dass im

---

[37] Treibhausgase wirken unterschiedlich stark in der Atmosphäre, CO_2 gilt als Bezugsgas.

Gegensatz zu den konventionellen, die elektrischen Fahrzeuge bereits vor der Inbetriebnahme Treibhausgase verursachen. Grund dafür ist die Stromherstellung, denn in dem beschriebenen Strommixfall wird ein großer Teil des Stromes aus Kohle- oder Gaskraftwerken gewonnen (vgl. Schallaböck/Bauhaus, 2012).

Aus der Erläuterung der Grafik geht eine wichtige Erkenntnis hervor: Die ökologische Eignung und folglich der volkswirtschaftliche Nutzen der Elektromobilität ist abhängig von der Nachhaltigkeit der Stromquelle. Diese Erkenntnis lässt sich demnach auch auf die Kraftfahrzeuge übertragen, die mit synthetischen Gasen, wie beispielsweise Wasserstoff und Methan aus PtG, betrieben werden. Ergänzend zu Schallaböck betont *Hofmann* 2016, die Bedeutung der Dekarbonisierung im Energiesektor in Zusammenhang mit der Elektromobilität in China. Diese Bedeutung stellt er anhand einer umwelttechnischen Input–Output-Analyse heraus. Das Ergebnis dieser ist, dass Elektrofahrzeuge erst ab einem EE-Anteil von 50% genauso klimaschädlich wie Verbrenner sind (Hofmann, 2016). Dennoch sollte das enorme Potential von Elektromotoren, das durch *Holmberg* 2019 verdeutlicht wird, berücksichtigt werden. Dieser vergleicht die Umwelteffizienz und Energieeffizienz von Verbrennern und elektrisch betriebenen Fahrzeugen. Holmberg kommt zu dem Ergebnis, dass die Energieeffizienz von Verbrennern um den Faktor 3,4 geringer ist. Auch aus diesem Grund sind, unter der Annahme eines 100% EE-Anteils, die gesamten CO_2-Emissionen bei Verbrennern um den Faktor 4,5 höher als bei der elektrischen Variante (Holmberg, 2019).

Zusammenfassend lässt sich der volkswirtschaftliche Nutzen von Energiespeichern im Verkehrssektor an der Entwicklung der Erneuerbaren Energien bemessen. Diesbezüglich weist der Verkehrssektor eine komplexe Problemkette auf, die die Wirtschaftlichkeit von nachhaltigen Technologien im Verkehrs- und Stromsektor beeinträchtigt. Ursprung ist eine fehlende Internalisierung der volkswirtschaftlichen Kosten durch Treibhausgase. Diese fehlende Internalisierung führt zu zwei Problemen. Zum einen bleiben positive, externe Effekte durch einen Umstieg auf die Elektromobilität aus, denn der bestehende hohe Anteil an CO_2-intensiven Kraftwerken am gesamten Stromangebot unterdrückt die Ökobilanz elektrischer Fahrzeuge und somit die Motivation für den Ausbau des Fahrzeugbestandes. Zum anderen verringert das Henne-Ei-Problem zwischen Ladeinfrastruktur und dem Bestand elektrischer Fahrzeuge den Investitionsanreiz weiter. Kern der Lösung sollte eine Widerspiegelung positiver oder negativer externer Effekte am Markt sein, um die Investitionshürde in nachhaltige Technologien zu senken. Außerdem kann die Politik Anreize für den Umstieg in die Elektromobilität schaffen.

4.4.3 Sektorenspezifische wirtschaftspolitische Handlungsfelder

Die *Nationale Plattform Elektromobilität* (NPE) bestehend aus Bundesregierung und Industrie hat sich 2010 das Ziel gesetzt bis zum Jahr 2020 insgesamt eine Millionen Elektrofahrzeuge zuzulassen. Der Fortschrittbericht 2018 der NPE weist jedoch darauf hin, dass das Ziel verfehlt wird, denn mit insgesamt 110615 Fahrzeugen zu Beginn 2018 lässt sich ein Aufholbedarf feststellen (vgl. NPE, 2018).

Der Markt dieser Fahrzeugtechnologien ist eng verbunden mit dem der Speicher, denn ohne Speicher in Form von Batterien oder synthetischen Brennstoffen ist eine nachhaltige Mobilität unmöglich. Im Folgenden werden mehrere sektorenspezifischen Förderungen von nachhaltiger Mobilität erläutert. Dabei wird zwischen finanziellen und rechtlichen Maßnahmen unterschieden und bereits etablierte sowie mögliche Förderungen aufgezeigt.

Bereits etabliert und finanziell wirksam ist der sogenannte Umweltbonus mit einem gesamten Budget von 600 Millionen Euro. Dieser Bonus ermöglicht einen Zuschuss von 4000 Euro für jedes vollständig elektrische Automobil. Weiter werden elektrische Fahrzeuge durch eine Kfz-Steuerbefreiung über einen Zeitraum von 10 Jahren gefördert. Beide Maßnahmen wirken wie eine Subvention und sollen die Wettbewerbsfähigkeit der Technologien ermöglichen (vgl. BMWi, 2019 b).

Überdies werden seit 2009 über 2,2 Milliarden Euro in die Forschung und Entwicklung investiert. Insgesamt teilen sich vier Ministerien[38] die unterschiedlichen Förderschwerpunkte. Insbesondere Preis und Reichweite der Batterietechnologie sind Forschungsschwerpunkte (vgl. BMWi, 2019 b). Im Bericht der NPE wird beschrieben, dass jedes dritte Patent weltweit im Bereich der Elektromobilität aus Deutschland stammt. Unter Berücksichtigung globaler Anstrengungen lässt sich das als Erfolg der Forschung verbuchen (vgl. NPE, 2018).

Dennoch hat Abschnitt 4.3.1 belegt, dass die wirtschaftlichen Anstrengungen bisher unzureichend sind. Aus diesem Grund werden weitere finanzielle Anreize diskutiert, beispielsweise kann eine Erhöhung der Kraftstoffsteuern einen negativen Reiz für konventionelle Fahrzeuge setzen. Insbesondere in der europäischen Zusammenarbeit ließe sich das effektiv gestalten (vgl. Lienkamp, 2012).

---

[38] Bundesministerium für Wirtschaft und Energie (BMWi), Bundesministerium für Verkehr und digitale Infrastruktur (BMVI), Bundesministerium für Bildung und Forschung (BMBF), Bundesministerium für Umwelt, Naturschutz, Bau und Reaktorsicherheit (BMUB).

Neben diesen finanziellen Anreizen werden, besonders durch die vergangene Dieselaffäre im Jahr 2015, rechtliche Maßnahmen zur Einschränkung schädlicher Kraftfahrzeuge diskutiert. Grund für solche Maßnahmen ist nicht die Integration von nachhaltigen Technologien, sondern gesundheitliche Folgen durch Abgase wie Stickoxide. Diese Stickoxide schädigen die Atemwege und werden zu über 30 % von Diesel Fahrzeugen verursacht. Städte wie Köln und Stuttgart haben bereits wirksame Fahrverbote eingeführt und weitere Großstädte wie Hamburg und Berlin werden folgen. Betroffen sind dabei Dieselfahrzeuge mit der Abgasnorm bis Euro 5 (vgl. ADAC, 2019). Diese Verbote wirken jedoch nicht nur zum Schutz der Luftqualität, sondern auch als negativer Anreiz für den Kauf neuer schädlicher Kraftfahrzeuge. Im Gegenzug qualifizieren sich nachhaltige Technologien besonders für den städtischen Raum (vgl. Lienkamp, 2012).

Eine weitere Diskussion befasst sich mit der Einführung einer Maximalgeschwindigkeit auf deutschen Autobahnen. Da der Kraftstoffverbrauch je gefahrenen Kilometer mit der Geschwindigkeit zunimmt (OECD, 2006), kann eine Begrenzung der Höchstgeschwindigkeit nicht nur Unfälle verhindern, sondern auch die Umwelt schützen. Wird dieses Begrenzung jedoch nur an Fahrzeugen mit hohen Abgasausstößen gekoppelt, dann entsteht auf der Seite konventioneller Kraftfahrzeuge ein negativer Kaufanreiz und auf der Seite von nachhaltigen Technologien ein positiver. Dieser Kompromiss zwischen Tradition und Vernunft kann sich als eine begründete Maßnahme zur Förderung nachhaltiger Fahrzeuge herausstellen (vgl. Lienkamp, 2012).

Abschließend kann darauf hingewiesen werden, dass der Aufholbedarf der Elektromobilität in der mangelnden Wirtschaftlichkeit sowie dem unzureichenden Ausbau EE begründet liegt. Die in diesem Abschnitt beschriebenen Maßnahmen sind Möglichkeiten, um direkt in die bestehende Marktsituation einzugreifen und nachhaltigere Technologien attraktiver zu gestalten. Wie beschrieben, wirken sich die Maßnahmen auch auf die Bedeutung mobiler Energiespeichertechnologien aus.

4.5 Diskussion

Die Einhaltung der Klimaziele fordert nicht nur den Ausbau Erneuerbarer Energien, sondern auch die Integration von Speichern. Wie in den volkswirtschaftlichen Analysen herausgearbeitet können Speicher in jedem Sektor entscheidende Dienstleistungen erbringen. Die betriebswirtschaftliche Perspektive deutet jedoch darauf hin, dass kaum wirtschaftliche Anreize für private Investoren bestehen. Aus diesem Grund wird in diesem Kapitel qualitativ diskutiert, welche der bereits beschriebenen Marktmechanismen aus Abbildung 8 sich für eine Unterstützung der Marktfähigkeit von Speichern eignet. Diese Diskussion wird aus den Perspektiven einer ökologisch, ökonomisch oder sozial orientierten Politik betrachtet. Außerdem wird beleuchtet, in welchen Bereichen zusätzlicher Forschungsbedarf besteht und wie die Forschungsarbeit der vorliegenden Arbeit fortgesetzt werden kann. Abschließend werden Verbesserungspotentiale der verwendeten Quellen ermittelt.

Sektorenübergreifend		
CO2-Steuer Europäischer Emissionshandel		
Stromsektor	**Wärmesektor**	**Verkehrssektor**
Investitionszuschüsse Eingriff in §15 des EEG	Markteinführungsprogramm Forschung & Entwicklung	Umweltbonus Forschung & Entwicklung Geschwindigkeitsbegrenzung Fahrverbote

Abbildung 8: Überblick beschriebener Marktmechanismen
(Quelle: Eigene)

4.5.1 Ökologisch orientierte Politikempfehlung

Aufgrund der positiven ökologischen Effekte von Speichertechnologien eignet sich der überwiegende Teil der beschriebenen Marktmechanismen zur Förderung von Speichern. Unter der Berücksichtigung von Ressourcenknappheit sollten jedoch zielführendere Mittel bevorzugt werden. Aus diesem Grund wird empfohlen, den Emissionshandel auszuweiten, um neben dem Ausbau Erneuerbarer Energien auch eine ökologische Elektrifizierung im Verkehrs- und Wärmesektor zu fördern. Damit einhergehend steigt die Bedeutung der Speichertechnologien, die, wie in Kapitel 4.1.2, 4.3.2 und 4.4.2 herausgearbeitet, CO_2-Einsparungen und damit Kosteneinsparungen ermöglichen. Unter der Berücksichtigung der Ziele des Pariser Abkommens eignet sich eine CO_2-Steuer, um bis zu einer Ausweitung des Emissionshandels eine ökologische Investitionsrichtung vorzugeben. Überdies eignen sich Anreizprogramme, wie das in 4.3.3 beschriebene Markteinführungsprogramm für Power-to-Gas oder die in 4.2.3 herausgestellte Möglichkeit von Investitionszuschüssen für Pumpspeicherkraftwerke, um Investoren entscheidende Sicherheiten zu gewährleisten. Nichtsdestoweniger sollten auch bei einer ökologisch orientierten Politik Förderungen gegen die Wohlfahrtsminderung durch staatliche Markteingriffe abgewogen werden.

4.5.2 Ökonomisch orientierte Politikempfehlung

Aus ökonomischer Perspektive sind die benannten Maßnahmen schwieriger einzuordnen. Grund dafür ist, dass Verbote und direkte Fördermittel mit Vorsicht zu behandeln sind, um die Wohlfahrtsminderungen durch staatliche Markteingriffe zu verhindern. Trotzdem ist es aus ökonomischer Sicht sinnvoll, ökologische Ziele zu verfolgen, beispielsweise können durch den Klimawandel entstehende Dürreperioden landwirtschaftliche Erträge mindern. Weiterhin handelt es sich beim Klimawandel um ein globales Problem, somit kann ein nationaler Alleingang die Produktion mindern, ohne das Klima nachhaltig positiv zu beeinflussen. Es handelt sich um ein sogenanntes Gefangenendilemma. Zudem kommt hinzu, dass es günstiger sein kann CO_2 in Entwicklungsländern zu verhindern. Aus diesem Grund wird aus ökonomischer Perspektive eine Ausweitung des Emissionshandels empfohlen, die nicht nur zusätzlich die Sektoren Wärme und Verkehr einbezieht, sondern auch auf einen globalen Handel abzielt. Ergänzend dazu müssen nationale Mittel verwendet werden, um international verhandelte Emissionsgrenzen durch das Pariser Abkommen einzuhalten. In Bezug auf Energiespeicher bedeutet das, dass dessen Nachfrage erst dann steigt, wenn die Kosten der Vermeidung von CO_2 an anderer Stelle und die Kosten der CO_2-Zertifikate größer sind als die zusätzlichen Speicherkosten zur Verringerung derselben Menge CO_2.

4.5.3 Sozial orientierte Politikempfehlung

Aus sozialpolitischer Perspektive werden Anreizprogramme den einschränkenden Verboten vorgezogen. Weiterhin ist das Ziel einer sozialen Politik die Kosten der Förderungen möglichst fair in Bezug auf Einkommen und Verantwortung in den Bevölkerungsschichten zu verteilen. Beispielsweise kann das Markteinführungsprogramm für Power-to-Gas durch Steuern finanziert werden und nicht, wie beim Erneuerbaren-Energie-Gesetz durch die privaten Haushalte, welche auch die EEG-Zulage des Stromverbrauchs von stromintensiven Unternehmen finanzieren, damit diese wettbewerbsfähiger sind.[39] Außerdem kann, wie in 4.3.2 erwähnt, ein Markteinführungsprogramm Arbeitsplätze schaffen, die an anderer Stelle durch Klimaschutz verloren gehen. Trotzdem sollte neben Anreizprogrammen das grundsätzliche Marktversagen durch eine fehlende Internalisierung der externen Kosten durch Treibhausgase behoben werden. Besonders aus sozialer Sicht eignet sich das in 4.1.2 beschriebene Modell der CO_2-Steuer aus der Schweiz, welches zwei Drittel

---

[39] Siehe §63 EEG.

der Steuereinnahmen in gleicher Höhe an die Bevölkerung zurückzahlt. Sozial schwächere Haushalte, die auch geringere Verbräuche aufweisen, leiden dabei weniger unter der zusätzlichen Belastung.

4.5.4 Forschungsbedarf und Fortsetzung der Arbeit

Mit der Bearbeitung der Arbeit haben sich unterschiedliche Forschungsfelder qualifiziert, um Energiespeicher weiter in die Energiewende zu integrieren. Als Erstes sollten, für eine bessere Beurteilung der sektorenspezifischen Markteingriffe, die mikro- und makroökonomischen Folgen modelliert werden. Beispielsweise können genannte Markteinschränkungen auf mögliche Wohlfahrtsminderungen untersucht werden, um diese mit den beabsichtigten Effekten zu vergleichen und gegebenenfalls zu korrigieren. Insbesondere sollten die Auswirkungen der aktuell diskutierten CO2-Steuern mit einem Modell näher untersucht werden. Grund für die Untersuchung ist, dass bei der Einführung einer CO_2-Steuer zwischen negativen Effekten, wie Carbon Leakage oder Kaufkraftminderungen, und positiven Effekten, zum Beispiel CO_2-Einsparungen oder Investitionen in nachhaltige Technologien, abgewogen werden muss. Außerdem sei darauf hingewiesen, dass für Speichertechnologien unterschiedliche rechtliche Rahmenbedingungen gelten und somit unfaire Marktbedingungen vorliegen. Für die Sicherheit der Investoren und für die Bildung neuer Geschäftsfelder sollten ökonomisch, juristisch und technisch sinnvolle Gesetzte untersucht werden. Zuletzt hat sich Power-to-Gas als zukunftsfähige Speichertechnologie herausgestellt, diese Chancen sollten weiter analysiert werden, um betriebswirtschaftliche Geschäftsmodelle zu erschließen und eine weitreichende Markteinführung zu ermöglichen.

Auch die vorliegende Forschungsarbeit lädt zu einer Fortsetzung ein. Grund dafür ist, dass die Bachelorarbeit aufgrund ihres Umfangs zwischen einer Mikroebene, gemeint sind damit spezifische Probleme einzelner Energiespeicher, und einer Makroebene, die den Zusammenhang aus Speichern und Energiesektoren beschreibt, balanciert. Einerseits können aus der Sicht der Mikroebene Aspekte, wie Auswirkungen auf Arbeitsplätze oder Kaufkraftminderungen durch erhöhte Strompreise, ergänzt werden. Andererseits ist aus der Perspektive der Makroebene eine umfangreiche Chancen-Risiko-Analyse der Power-to-Gas-Technologie mit Bezug auf die Sektorenkopplung möglich. Folglich trifft die Arbeit die Mitte der Ebenen und ließe sich, um ein noch vollständigeres Bild zu zeichnen, in beide Richtungen ergänzen.

4.5.5 Methodische Limitationen der betrachteten Veröffentlichungen

In dieser Arbeit wurden unterschiedliche Veröffentlichungen beschrieben und für benannte Thesen als Referenz angegeben. Die Methoden dieser Arbeiten weisen jedoch gemeinsame Limitationen auf. Zu diesen Limitationen zählen zum einen die *Komplexität* des Energiesystems und zum anderen die *Volatilität* verschiedener Größen. Diese realen Faktoren werden häufig unzureichend berücksichtigt und mindern deswegen die Qualität der Veröffentlichungen.

Die Komplexität des Energiesystem ist besonders schwierig in mathematischen *Marktmodellen* zu berücksichtigen, da diese, um ein zielführendes und transparentes Ergebnis zu liefern, nur die wichtigsten physikalischen und ökonomischen Rahmenbedingungen des Energiesystems integrieren. Gleichwohl ist es möglich durch Modellerweiterungen ein vollständigeres Bild zu zeichnen und somit Prognosefehler, insbesondere in langfristigen Analysen, zu verringern. Zum Beispiel lässt sich an de Sisternes 2016 die fehlende Berücksichtigung von relevanten Preisreduktionen kritisieren. Darüber hinaus wird die Volatilität relevanter energietechnischer Größen, wie zum Beispiel Preisschwankungen von Energie oder Emissionszertifikaten in Benitez 2008, vor allem in mathematischen *Optimierungsmodellen* vernachlässigt. Als geeignetes Mittel zur Beurteilung von diesen Schwankungen kann eine zusätzliche Sensitivitätsanalyse, wie zum Beispiel durch Schmuck 2017, hinzufügt werden.

5 Fazit

Die vorliegende Arbeit skizziert ein technoökonomisches Bild von Energiespeichern. Die anforderungsunterschiedlichen Energiesektoren wurden einzeln betrachtet und wenn möglich verknüpft. In Bezug auf die Entwicklung dieser Energiesektoren wird im ersten Kapitel dargelegt, dass Speicher für die Energiewende nicht nur bedeutend, sondern notwendig sind. Im folgenden zweiten Kapitel werden ausgewählte, sektorenspezifische Technologien dargestellt. Insbesondere wird *Power-to-Gas* als chancenreiche Schlüsseltechnologie demonstriert. Diese ermöglicht Sektoren zu koppeln und die bestehende Gasinfrastruktur zu nutzen.

Der dritte Teil beantwortet die in der Einleitung formulierte Kernfrage, ob und welche wirtschaftspolitischen Instrumente ein Gleichgewicht zwischen volkswirtschaftlichem Nutzen und Kosten herstellen können. In Bezug auf diese Frage wird herausgearbeitet, dass eine Divergenz aus positivem volkswirtschaftlichem Nutzen und negativen betriebswirtschaftlichen Kalkül besteht. In allen Sektoren liegt ein *Mangel an der Internalisierung von externen Effekten* vor. Beispielsweise werden im Stromsektor *positive externe Effekte* durch die Integration von Stromspeichern in einem regenerativen Stromsystem nicht wirtschaftlich honoriert. Im Gegensatz dazu fehlt es im Wärme- und Verkehrssektor an der kostentechnischen Berücksichtigung von *negativen externen Effekten* schädlicher Treibhausgase. In Folge dessen bleiben irrtümlich teurere Investitionen in nachhaltige Technologien aus. In allen Sektoren kann die Wettbewerbsfähigkeit von Speichern durch eine Ausweitung des bestehenden Emissionshandels oder der Einführung einer CO_2-Steuer verbessert werden. Überdies sind innerhalb der Sektoren zusätzliche Markteingriffe, wie zum Beispiel eine bedingungsbehaftete Geschwindigkeitsbegrenzung, Neuauflagen von Stromaufschlägen oder Kaufprämien, zu empfehlen, um positive Marktanreize für Energiespeicher zu schaffen.

Abschließend erschließt sich, dass Energiespeicher als ein wesentlicher Teil der Energiewende zu betrachten sind. Die Wettbewerbsfähigkeit von Energiespeichertechnologien muss durch korrigierende, sektorenübergreifende und sektorenspezifische Markteingriffe hergestellt werden. Insbesondere qualifiziert sich dafür ein effizienter und sozial verträglicher CO_2-Preis in allen Sektoren, unabhängig davon, ob die Politik ökonomisch, ökologisch oder sozial orientiert ist

Anhang

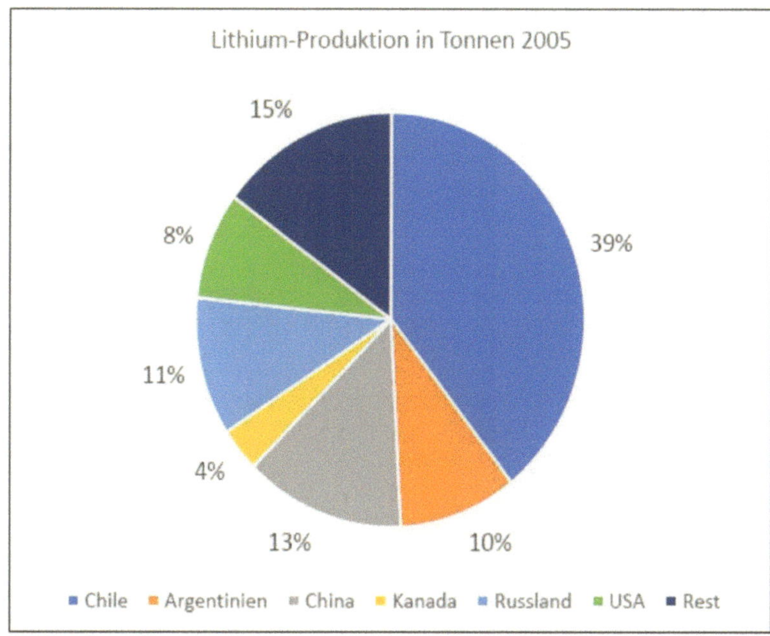

Abbildung 9: Lithium-Produktion 2005

(Quelle: Angelehnt an Tahil, 2007, S.3)

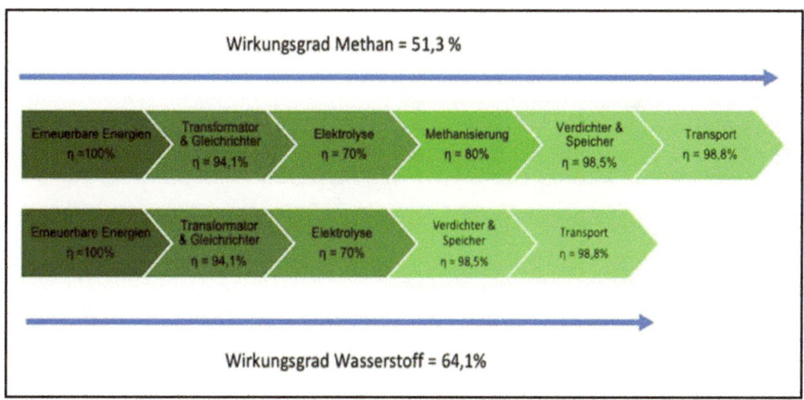

Abbildung 10: Wirkungsgradketten Power-to-Gas

(Quelle: Angelehnt an Müller-Syring et al., 2013, S. 134)

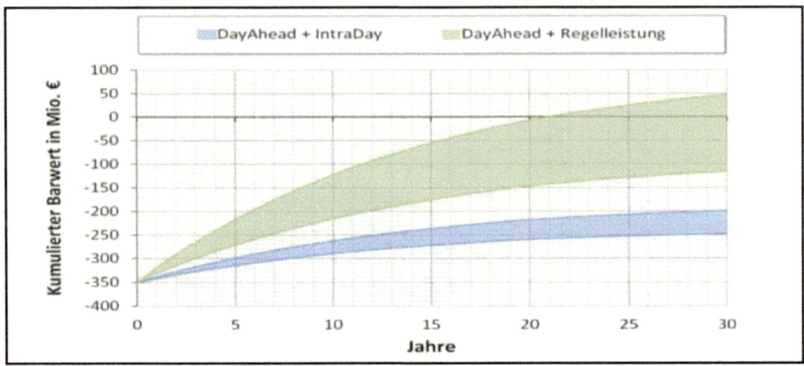

Abbildung 11: Barwertentwicklung der Verkaufsszenarien
(Quelle: Conrad et al., 2014, S.18)

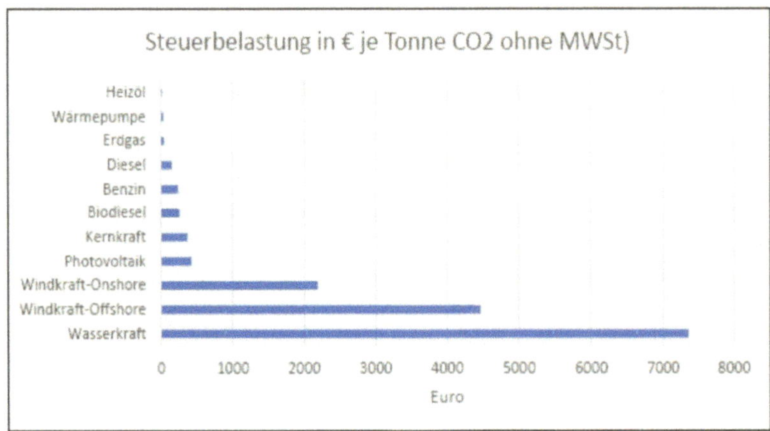

Abbildung 12: Steuerbelastung unterschiedlicher Energieträger
(Quelle: in Anlehnung an Zech, 2018, S. 2)

Ermittlung eines Vollständigen Finanzplans eines Saisonalen Wärmespeichers	
1.Schritt	Ermittlung der Auszahlungen
2.Schritt	Ermittlung der Einzahlungen
3.Schritt	Aufstellung der Zahlungsfolge der Investition
4.Schritt	Berechnung zur Finanzierung der Investition
5.Schritt	Berechnung zur Geldanlage von Liquiditätsüberschüssen
6.Schritt	Steuerberechnung
7.Schritt	Aggregation von Zusatzinformationen
8.Schritt	Ermittlung der Zielgröße und Ergebnisinterpretation

Tabelle 3: Vollständiger Finanzplan saisonaler Wärmespeicher
(Quelle: In Anlehnung an Schmuck, 2017)

Literatur

Allgemeine Deutsche Automobil-Club e.V. - ADAC (2019). Dieselfahrverbot: Alle Fragen und Antworten. München, Deutschland. Online verfügbar unter https://www.adac.de/rund-ums-fahrzeug/abgas-diesel-fahrverbote/fahrverbote/dieselfahrverbot-faq/, zuletzt geprüft am 02.06.2019.

Beck, H., Schmidt, M (2011). Windenergiespeicherung durch Nachnutzung stillgelegter Bergwerke: Abschlussbericht. Goslar, Deutschland. Online Verfügbar unter www.gbv.de/dms/clausthal/E_BOOKS/2011/2011EB1130.pdf, zuletzt geprüft am 20.04.2019.

Benger, R., Beyer, K., Brenner, S. et al. (2013). Studie Eignung von Speichertechnologien zum Erhalt der Systemsicherheit. Goslar Deutschland. Online verfügbar unter https://speicherinitiative.at/assets/Uploads/24-eignung-von-speichertechnologien-zum-erhalt-der-systemsicherheit.pdf, zuletzt geprüft am 01.06.2019.

Benitez, L., Benitez, P., Cornelis van Kooten, G. (2008). The economics of wind power with energy storage. Energy Economics, University of Victoria, Victoria, Kanada. Online verfügbar unter https://www.sciencedirect.com/science/article/pii/S0140988307000205, zuletzt geprüft am 21.06.2019.

Bott, C., Dressel, I., Bayer, P. (2019). State-of-technology review of water-based closed seasonal thermal energy storage systems. Renewable and Sustainable Energy Reviews, Ingolstadt University of Applied Sciences, Ingolstadt, Deutschland. Online verfügbar unter https://www.sciencedirect.com/science/article/pii/S1364032119304411, zuletzt geprüft am 29.06.2019.

Bundesamt für Wirtschaft und Ausfuhrkontrolle (2018). Förderung von elektrisch betriebenen Fahrzeugen. Eschborn, Deutschland. Online verfügbar unter https://www.bafa.de/SharedDocs/Downloads/DE/Energie/e-mob_merkblatt_antrag_neu_2018.pdf?_blob=publicationFile&v=3, zuletzt geprüft am 01.06.2019.

Bundeskartellamt (2012). Sektorenuntersuchung Fernwärme. Bonn, Deutschland. Online verfügbar unter http://www.bundeskartellamt.de/SharedDocs/Publikation/DE/Sektoruntersuchungen/Sektoruntersuchung%20Fernwaerme%20-%20Abschlussbericht.pdf?_blob=publicationFile&v=3, zuletzt geprüft am 01.06.2019.

Bundesministerium für Umwelt, Naturschutz und nukleare Sicherheit – BMU (2013). Emissionshandel – Was ist das?. Bonn, Deutschland. Online verfügbar unter https://www.bmu.de/themen/klima-energie/emissionshandel/emissionshandel-was-ist-das/, zuletzt geprüft am 02.06.2019.

Bundesministerium für Wirtschaft und Energie – BMWi (2014). Ein gutes Stück Arbeit. Die Energie der Zukunft. Berlin, Deutschland. Online Verfügbar unter https://www.bhkw-infozentrum.de/download/fortschrittsbericht.pdf, zuletzt geprüft unter 30.05.2019.

Bundesministerium für Wirtschaft und Energie - BMWi (2017). Überblick über den Ausbau der erneuerbaren Energien im Jahr 2016 im Vergleich zum Jahr 2015. Berlin, Deutschland. Online Verfügbar unter https://www.bmwi.de/Redaktion/DE/Downloads/A/ausbau-ee.pdf?_blob=publicationFile&v=13, zuletzt geprüft am 22.04.2019.

Bundesministerium für Wirtschaft und Energie - BMWi (2018). Energiedaten: Gesamtausgabe. Berlin, Deutschland. Online Verfügbar unter https://www.bmwi.de/Redaktion/DE/Downloads/Energiedaten/energiedaten-gesamt-pdf-grafiken.pdf?_blob=publicationFile&v=38, zuletzt geprüft am 30.05.2019.

Bundesministerium für Wirtschaft und Energie - BMWi (2019, a). Entwurf des integrierten nationalen Energie- und Klimaplans. Berlin, Deutschland. Online Verfügbar unter www.bmwi.de/Redaktion/DE/Textsammlungen/Energie/necp.html?cms_artId=894578 zuletzt geprüft am 30.05.2019.

Bundesministerium für Wirtschaft und Energie (2019, b). Elektromobilität in Deutschland. Berlin, Deutschland. Online verfügbar unter https://www.bmwi.de/Redaktion/DE/Dossier/elektromobilitaet.html, zuletzt geprüft am 01.06.2019.

Bundesverband der Energie- und Wasserwirtschaft e.V. - BDEW (2016). Bereitstellung von (System-) Dienstleistungen im Stromversorgungssystem: Beitrag von Energiespeichern. Berlin, Deutschland. Online verfügbar unter https://www.bdew.de/media/documents/Awh_20160725_SDL-Energiespeicher.pdf, zuletzt geprüft am 30.05.2019.

Bundesverband der Energie- und Wasserwirtschaft e.V. BDEW (2019). BDEW-Gaspreisanalyse Januar 2019. Berlin, Deutschland. Online verfügbar unter https://www.bdew.de/media/documents/190122_BDEW-Gaspreisanalyse_Januar-2019.pdf, zuletzt geprüft am 02.06.2019.

Chyong, C., Guo, B., Newbery, D. (2019). The impact of a Carbon Tax on the CO2 emissions reduction of wind. University of Cambridge, Faculty of Economics, Cambridge, Großbritannien. Online verfügbar unter https://doi.org/10.17863/CAM.37461, zuletzt geprüft am 02.06.2019.

Conrad, J., Pellinger, C., Hinterstocker, M. (2014). Gutachten zur Rentabilität von Pumpspeicherkraftwerken. Forschungsstelle für Energiewirtschaft, München, Deutschland. Online verfügbar unter https://www.stmwi.bayern.de/fileadmin/user_upload/stmwi/Themen/Energie_und_Rohstoffe/Dokumente_und_Cover/2014-Pumpspeicher-Rentabilitaetsanalyse.pdf, zuletzt geprüft am 30.05.2019.

Danielis, R., Giansoldati, M., Rotaris, L. (2018). A probabilistic total cost of ownership model to evaluate the current and future prospects of electric cars uptake in Italy. Energy Policy, Trieste, Italien. Online verfügbar unter https://www.sciencedirect.com/science/article/pii/S0301421518302404, zuletzt geprüft am 29.06.2019.

Debia, S., Pineau, P., Siddiqui, A. (2019). Strategic use of storage: The impact of carbon policy, resource availability, and technology efficiency on a renewable-thermal power system. Energy Economics, HEC Montréal, Kanada. Online Verfügbar unter https://www.sciencedirect.com/science/article/pii/S0140988318304882, zuletzt geprüft am 29.06.2019.

De Sisternes, F., Jenkins, J., Botterud, A. (2016). The value of energy storage in decarbonizing the electricity sector. Applied Energy, Argonne National Laboratory, USA. Online verfügbar unter https://www.sciencedirect.com/science/article/pii/S0306261916305967, zuletzt geprüft am 29.06.2019.

Der Schweizerische Bundesrat (2018). Verordnung über die Lenkungsabgabe auf flüchtigen organischen Verbindungen (VOCV). Bern, Schweiz. Online verfügbar unter https://www.admin.ch/opc/de/classified-compilation/19970460/201801010000/814.018.pdf, zuletzt geprüft am 02.06.2019.

Deutsche Energie-Agentur GmbH (2016). Potentialatlas Power to Gas. Berlin, Deutschland. Online Verfügbar unter https://www.dena.de/fileadmin/dena/Dokumente/Pdf/9144_Studie_Potenzialatlas_Power_to_Gas.pdf zuletzt geprüft am 30.05.2019.

Ecker, M., Sauer, U. (2013). Batterietechnik Lithium-Ionen-Batterien. MTZ Wissen, Ausgabe 1, Wiesbaden, Deutschland.

Energie-Forschungszentrum Niedersachsen (2013). Studie Eignung von Speichertechnologien zum Erhalt der Systemsicherheit. Goslar, Deutschland. Online Verfügbar unter https://speicherinitiative.at/assets/Uploads/24-eignung-von-speichertechnologien-zum-erhalt-der-systemsicherheit.pdf, zuletzt geprüft am 30.05.2019.

Energietechnische Gesellschaft (2012). Energiespeicher für die Energiewende. Verband der Elektrotechnik Ausgabe 192, Frankfurt, Deutschland.

Europäische Kommission (2019). Carbon Leakage. Brüssel, Belgien. Online verfügbar unter https://ec.europa.eu/clima/policies/ets/allowances/leakage_de, zuletzt geprüft am 02.06.2019.

European Energy Exchange - eex (2019). EU Emission Allowances, Secondary Market, Stichtag 25.05.2019. Online verfügbar unter https://www.eex.com/de/marktdaten/umweltprodukte/spotmarkt/european-emission-allowances#!/2019/05/27, zuletzt geprüft am 02.06.2019.

Evans, L., Guthrie, G., Lu, A. (2013). The role of storage in a competitive electricity market and the effects of climate change. Energy Economics, University of Wellington, Neuseeland. Online verfügbar unter https://www.sciencedirect.com/science/article/pii/S0140988312002307, zletzt geprüft am 29.06.2019.

Fisch, N., Bodmann M., Kühl, L. (2005). Wärmespeicher. Solarpraxis, Berlin, Deutschland. ISBN: 978-3934595545.

ForschungsVerbund Erneuerbare Energien – FVEE (2010). Eine Vision für ein nachhaltiges Energiekonzept auf Basis von Energieeffizienz und 100 % erneuerbaren Energien. Berlin, Deutschland. Online Verfügbar unter http://www.fvee.de/publikationen/publikation/?sb_damorder%5Buid%5D=4433&cHash=079590ca95baffc45abb150aee480850, zuletzt geprüft am 30.05.2019.

Gaudard, L., Madani, K. (2019). Energy storage race: Has the monopoly of pumped-storage in Europe come to an end?. Energy Policy, Management Science and Engineering, Stanford University, Stanford, USA. Online verfügbar unter https://www.sciencedirect.com/science/article/pii/S0301421518307262, zuletzt geprüft am 29.06.2019.

Giordano, A., Fischbeck, P., Matthews, S. (2018). Environmental and economic comparison of diesel and battery electric delivery vans to inform city logistics fleet replacement strategies. Transportation Research Part D: Transport and Environment, Carnegie Mellon University, Pittsburgh, USA. Online verfügbar unter https://www.sciencedirect.com/science/article/pii/S1361920916308525, zuletzt geprüft am 29.06.2019.

Gnann, T., Plötz, P., Wietschel, M. (2012). Brauchen wir öffentliche Ladesäulen für Elektromobilität?. Frauenhofer ISI, Karlsruhe, Deutschland. ISSN: 2194-9174.

Gobmaier, T. (2019). Messung der Netzfreqzuenz. Online verfügbar unter https://www.netzfrequenzmessung.de, zuletzt geprüft am 11.06.2019.

Henne, J. (2013). Was Elektroautos so teuer macht. GEO, Ausgabe 4, Hamburg, Deutschland.

Hofmann, J., Guan, D., Chalvatzis, K. (2016). Assessment of electrical vehicles as a successful driver for reducing CO_2 emissions in China. Applied Energy, University of East Anglia, Norwich, Vereinigtes Königreich. Online verfügbar unter https://www.sciencedirect.com/science/article/pii/S0306261916308170, zuletzt geprüft am 29.06.2019.

Holmberg, K., Erdemir, A. (2019). The impact of tribology on energy use and CO_2emission globally and in combustion engine and electric cars. Tribology International, VTT Technical Research Centre of Finland, Finnland. Online verfügbar unter https://www.sciencedirect.com/science/article/pii/S0301679X19301446, zuletzt geprüft am 29.06.2019.

Horvarth & Partners (2018). Fakten-Check Mobilität 3.0. Stuttgart, Deutschland. Online verfügbar unter https://www.horvath-partners.com/de/presse/aktuell/detail/date/2018/07/06/fakten-check-elektromobilitaet-200000er-marke-wird-2018-durchbrochen/, zuletzt geprüft am 01.06.2019.

IFEU - Institut für Energie- und Umweltforschung Heidelberg (2013). Ökologische Begleitforschung zum Flottenversuch Elektromobilität. Heidelberg, Deutschland. Online Verfügbar unter https://www.ifeu.de/projekt/flottenversuch-elektromobilitaet/ zuletzt geprüft am 30.05.2019.

Jöhrens, J., Rücker, J., Bergk, F., Schade, W., Hartwig, J. (2017). Roadmap OH-Lkw: SWOT-Analyse. Institut für Energie und Umweltforschung Heidelberg, Deutschland, M-Five GmbH, Karlsruhe, Deutschland. Online Verfügbar unter https://www.ifeu.de/wp-content/uploads/Roadmap-OH-Lkw_SWOT-Analyse.pdf, zuletzt geprüft am 30.05.2019.

Khastieva, D., Hesamzadeh, M., Vogelsang, I. (2019). Value of energy storage for transmission investments. Energy Strategy Reviews, KTH Royal Institute of Technology, Stockholm, Schweden. Online verfügbar unter https://www.sciencedirect.com/science/article/pii/S2211467X19300070, zuletzt geprüft am 29.06.2019.

Korthauer, R. (2013). Handbuch Lithium-Ionen-Batterien. Springer Vieweg, Berlin, Deutschland. ISBN: 978-3642306525.

Kraan, O., Kramer, G., Nikolic, I. (2018). Investment in the future electricity system - An agent-basedmodelling approach. Energy, Leiden, Niederlande. Online verfügbar unter https://www.sciencedirect.com/science/article/pii/S0360544218305012?via%3Dihub, zuletzt geprüft am 23.06.2019.

Kraan, O., Kramer, G., Nikolic, I., Chappin, E., Koning, V. (2019). Why fully liberalised electricity markets will fail to meet deep decarbonisation targets even with strong carbon pricing. Energy Policy, Utrecht, Niederlande. Online verfügbar unter https://www.sciencedirect.com/science/article/pii/S0301421519302551, zuletzt geprüft am 23.06.2019.

Kramer, M. (2010). Integratives Umweltmanagement Systemorientierte Zusammenhänge zwischen Politik, Recht, Management und Technik. Gabler Verlag, Wiesbaden Deutschland. ISBN: 978-3-8349-1947-2.

Leiva, L. (2017). Wie stark belastet die Batterieherstellung die Ökobilanz von Elektroautos?. Energie-Experten, Zürich, Schweiz. Online verfügbar unter https://www.energie-experten.ch/de/mobilitaet/detail/wie-stark-belastet-die-batterieherstellung-die-oekobilanz-von-elektroautos.html, zuletzt geprüft am 01.06.2019.

Lienkamp, M. (2012). Elektromobilität Hype oder Revolution. Springer-Verlag Berlin Heidelberg, Berlin, Deutschland. ISBN: 978-3-642-28548-6.

Ma, Z., Bao, H., Roskilly, A. (2018). Feasibility study of seasonal solar thermal energy storage in domestic dwellings in the UK. Solar Energy, Newcastle University, Großbritannien. Online verfügbar unter https://www.sciencedirect.com/science/article/pii/S0038092X18300227, zuletzt geprüft am 22.06.2019.

McKenna, R., Fahrenbach, D., Merkel, E. (2019). The role of seasonal thermal energy storage in increasing renewable heating shares: A techno-economic analysis for a typical residential district. Energy and Buildings, Technical University of Denmark, Dänemark. Online verfügbar unter https://www.sciencedirect.com/science/article/pii/S037877881833247X, zuletzt geprüft am 29.06.2019.

Müller-Syring, G., Henel, M., Köppel, W., Mlaker, H., Sterner, M., Höcher, T. (2013). Entwicklung von modularen Konzepten zur Erzeugung, Speicherung und Einspeisung von Wasserstoff und Methan ins Erdgasnetz. DVGW Deutscher Verein des Gas- und Wasserfaches e. V., Bonn, Deutschland. Online Verfügbar unter https://www.dvgw.de/leistungen/forschung/forschungsberichte/dvgw-forschungsbericht-g-10710/, zuletzt geprüft am 30.05.2019.

Nagel, J. (2017). Energie- und Ressourceninnovation Wegweiser zur Gestaltung der Energiewende. Carl Hanser Verlag GmbH & Co. KG, München, Deutschland. ISBN: 978-3-446-45275-6.

Nationale Plattform Elektromobilität (2018). Fortschrittsbericht 2018 – Markthochlaufphase. Berlin (Deutschland). Online verfügbar unter http://nationale-plattform-elektromobilitaet.de/fileadmin/user_upload/Redaktion/NPE_Fortschrittsbericht_2018_barrierefrei.pdf, zuletzt geprüft am 01.06.2019.

Öko-Institut e.V. (2010). GEMIS-Emissionsfaktoren für Treibhausgase und KWK-Zurechnung. Darmstadt, Deutschland. Online verfügbar unter http://iinas.org/tl_files/iinas/downloads/GEMIS/2010_GEMIS_EF_KWK-LHM.pdf, zuletzt geprüft am 02.06.2019.

Organisation für wirtschaftliche Zusammenarbeit und Entwicklung, Europäische Verkehrsministerkonferenz (2006). Speed Management. Paris, Frankreich. ISBN: 92-821-0377-3.

Persson, J., Westermark, M. (2013). Low-energy buildings and seasonal thermal energy storages from a behavioral economics perspective. Applied Energy, Department of Chemical Engineering and Technology, Schweden. Online verfügbar unter https://www.sciencedirect.com/science/article/pii/S0306261913002432, zuletzt geprüft am 29.06.2019.

Power to X Allianz (2019). Markteinführungsprogramm der Power to X Allianz. Berlin, Deutschland. Online verfügbar unter https://www.ptx-allianz.de/markteinfuehrungsprogramm-der-power-to-x-allianz/, zuletzt geprüft am 01.06.2019.

Proff, H. (2015). Entscheidungen beim Übergang in die Elektromobilität. Springer, Duisburg, Deutschland. ISBN: 978-3-658-09576-5.

Rockström, J., Gaffney, O., Rogelj, J. et al. (2017). A roadmap for rapid decarbonization. American Association for the Advancement of Science, Science, Vol. 355, Issue 6331, pp. 1269-1271, Washington, USA. ISBN: 0036-8075.

Rohrig, K., Hoffmann, C., Gerhardt, N., Schmidt, D., Schumacher, P., Henning, H., Palzer, A., Lechtenböhmer, S. (2015). Wirtschaftliche und technische Aspekte der Dekarbonisierung des Wärmesektors. Frauenhofer IBP, Berlin, Deutschland. Online Verfügbar unter http://publica.fraunhofer.de/dokumente/N-399582.html, zuletzt geprüft am 30.05.2019.

Runge, P., Sölch, C., Albert, J. (2019). Economic comparison of different electric fuels for energy scenarios in 2035. Applied Energy, Friedrich-Alexander-University Erlangen-Nürnberg, Nürnberg, Deutschland. Online verfügbar unter https://www.sciencedirect.com/science/article/pii/S0306261918315782, zuletzt geprüft am 29.06.2019.

Sachverständigenrat für Umweltfragen (2011). Wege zur 100% erneuerbaren Stromversorgung. Erich Schmidt Verlag GmbH & Co, Berlin, Deutschland. ISBN: 3503136061.

Schabbach, T., Leibbrandt, P. (2014). Solarthermie - Wie Sonne zu Wärme wird. Springer Vieweg, Berlin, Deutschland. ISBN: 978-3-642-53906-0.

Schallaböck, K.,Bauhaus, W. (2012). Modellregion Elektromobilität: Umweltbegleitforschung Elektromobilität. Wuppertal Institut für Klima, Umwelt, Energie, Wuppertal Report, Wuppertal, Deutschland.

Schlesinger, M., Lindenberger, D., Lutz, C. (2014). Entwicklung der Energiemärkte – Energiereferenzprognose. Basel, Köln, Osnabrück, Deutschland. Online verfügbar unter https://www.bmwi.de/Redaktion/DE/Publikationen/Studien/entwicklung-der-energiemaerkte-energiereferenzprognose-endbericht.html zuletzt geprüft am 30.05.2019.

Schmid, S., Schaarschmidt, L., Bretschneider, P., Rüttinger, H., Kißauer, S., Hesse, P., Meiste, J. (2012). Pumpspeicherkataster Thüringen. Ergebnisse einer Potenzialanalyse. Ministerium für Wirtschaft, Arbeit und Technologie Thüringen, Thüringen, Deutschland. Online verfügbar unter https://www.thueringen.de/de/publikationen/pic/pubdownload1272.pdf, zuletzt geprüft am 30.05.2019.

Schmidt, R., Geyer, R. (2016). Nah- und Fernwärme – Auseinandersetzung mit Innovationsaspekten. Wien, Österreich. Online verfügbar unter https://www.arbeiterkammer.at/infopool/akportal/AIT_Zukunftsaspekte.pdf, zuletzt geprüft am 01.06.2019.

Schmuck, M. (2017). Wirtschaftliche Umsetzbarkeit saisonaler Wärmespeicher. Expert, Dresden, Deutschland. ISBN: 9783816933984.

Semple, L., Carriveau, R., Ting, D. (2017). A techno-economic analysis of seasonal thermal energy storage for greenhouse applications. Energy and Buildings, Universität Windsor, Kanada. Online verfügbar unter https://www.sciencedirect.com/science/article/pii/S0378778817311118, zuletzt geprüft am 29.06.2019.

Sidhu, A., Pollitt, M., Anaya, K. (2018). A social cost benefit analysis of grid-scale electrical energy storage projects: A case study. Applied Energy, Johns Hopkins University, Washington, USA. Online verfügbar unter https://www.sciencedirect.com/science/article/pii/S0306261917318068, zuletzt geprüft am 29.06.2019.

Sioshansi, R., Denholm, P., Jenkin, T., Weiss, J. (2009). Estimating the value of electricity storage in PJM: Arbitrage and some welfare effects. Energy Economcs, The Ohio State University, USA. Online verfügbar unter https://www.sciencedirect.com/science/article/pii/S0140988308001631#fn1, zuletzt geprüft am 29.06.2019.

Sioshansi, R. (2014). When energy storage reduces social welfare. Energy Economics, The Ohio State University, USA. Online verfügbar unter https://www.sciencedirect.com/science/article/pii/S0140988313002223, zuletzt geprüft am 29.06.2019.

Steffen, B. (2012). Prospects for pumped-hydro storage in Germany. Energy Policy, University of Duisburg-Essen, Essen, Deutschland. Online verfügbar unter https://www.sciencedirect.com/science/article/pii/S0301421518307262, zuletzt geprüft am 29.06.2019.

Stenzel, P., Hennings, W., Linssen, J. (2017). Energiespeicher. BWK. Das Energie-Fachmagazin, Ausgabe 69, S. 32-44, Düsseldorf, Deutschland. ISSN: 1618-193X.

Sterner, M., Stadler, I. (2017). Energiespeicher - Bedarf, Technologien, Integration. Springer Vieweg, Berlin, Deutschland. ISBN: 978-3-662-48892-8.

Schweizerische Eidgenossenschaft (2019). Lenkungsabgabe auf CO_2. Online verfügbar unter https://www.ezv.admin.ch/ezv/de/home/informationfirmen/steuern-und-abgaben/einfuhr-in-die-schweiz/lenkungsabgabe-auf-co.html, zuletzt geprüft am 04.06.2019.

Tahil, W. (2007). The Trouble with Lithium. Meridian International Research, Martainville, Frankreich. Online verfügbar unter http://www.meridian-int-res.com/Projects/EVRsrch.htm, zuletzt geprüft am 30.05.2019.

Thielmann, A., Isenmann, R., Wietschel, M. (2012). Technologie-Roadmap Energiespeicher für die Elektromobilität 2030. Frauenhofer ISI, Karlsruhe, Deutschland.

Thorsen, J., Lund, H., Vad Mathiesen, B. (2018). Progression of District Heating – 1st to 4th generation. Aalborg, Dänemark. Online verfügbar unter https://vbn.aau.dk/en/publications/progression-of-district-heating-1st-to-4th-generation-3, zuletzt geprüft am 30.05.2019.

Trost, T., Sterner, M., Bruckner, T. (2017). Impact of electric vehicles and synthetic gaseous fuels on final energy consumption and carbon dioxide emissions in Germany based on long-term vehicle fleet modelling. Energy, Fraunhofer Institute for Wind Energy and Energy System Technology, Kassel, Deutschland. Online verfügbar unter https://www.sciencedirect.com/science/article/abs/pii/S0360544217316754, zuletzt geprüft am 29.06.2019.

Umweltbundesamt (2014). Treibhausgasneutrales Deutschland im Jahr 2050. Dessau-Roßlau, Deutschland. Online verfügbar unter https://www.umweltbundesamt.de/publikationen/treibhausgasneutrales-deutschland-im-jahr-2050-0, zuletzt geprüft 30.05.2019.

Umweltbundesamt (2016). Erarbeitung einer fachlichen Strategie zur Energieversorgung des Verkehrs bis zum Jahr 2050. Berlin, Deutschland. Online verfügbar unter https://www.umweltbundesamt.de/sites/default/files/medien/377/publikationen/2016-11-10_endbericht_energieversorgung_des_verkehrs_2050_final.pdf, zuletzt geprüft am 01.06.2019.

Umweltbundesamt (2019). Erneuerbare Energien in Deutschland Daten zur Entwicklung im Jahr 2018. Dessau-Roßlau, Deutschland. Online verfügbar unter www.umweltbundesamt.de/themen/klima-energie/erneuerbare-energien/erneuerbare-energien-in-zahlen, zuletzt geprüft am 30.05.2019.

Verein Deutscher Ingenieure (2017). VDI - Statusreport Energiespeicher. BWK. Das Energie-Fachmagazin, Band 69, Ausgabe 11, Düsseldorf, Deutschland.

Vereinigung der Fernleitungsnetzbetreiber Gas e.V. (2019). Berlin, Deutschland. Zahlen und Fakten. Online verfügbar unter https://www.fnb-gas.de/de/fernleitungsnetze-/zahlen-und-fakten/zahlen-und-fakten.html, zuletzt geprüft am 01.06.2019.

Viebahn, P., Zelt, O., Fischedick, M., Wietschel, M., Hirzel, S., Horst, J. (2018). Technologien für die Energiewende. Wuppertal, Deutschland. Online verfügbar https://epub.wupperinst.org/frontdoor/index/index/docId/7083, zuletzt geprüft am 30.05.2019.

Welsch, B., Göllner-Völker, L., Schulte, D. (2018). Environmental and economic assessment of borehole thermal energy storage in district heating systems. Applied Energy, Technische Universität Darmstadt, Darmstadt, Deutschland. Online verfügbar unter https://www.sciencedirect.com/science/article/pii/S0306261918301314, zuletzt geprüft am 29.06.2019.

Weltenergierat Deutschland (2019). International Aspects of a power-to-x Roadmap. Berlin, Deutschland. Online verfügbar unter https://www.frontier-economics.com/media/2642/frontier-int-ptx-roadmap-stc-12-10-18-final-report.pdf, zuletzt geprüft am 01.06.2019.

Wietschel, M., Arens, M., Dötsch, C., Herkel, S., Krewitt, W. (2010). Energietechnologien 2050 - Schwerpunkte für Forschung und Entwicklung. Fraunhofer Verlag, Karlsruhe, Deutschland. ISBN: 978-3-8396-0102-0.

Zapf, M. (2017). Stromspeicher und Power-to-Gas im deutschen Energiesystem. Springer Vieweg, Mönchsberg, Deutschland. ISBN: 978-3-658-15072-3.

Zech, K., Lindner, B. (2018). Braucht Deutschland eine CO_2-Steuer?. Deloitte, München, Deutschland. Online verfügbar unter https://www2.deloitte.com/de/de/pages/risk/articles/co2-steuer-in-deutschland.html, zuletzt geprüft am 02.06.2019.